AF265806

CODE ADMINISTRATIF

DE

L'EMPIRE FRANÇAIS,

OU

RECUEIL MÉTHODIQUE DES LOIS ET ORDONNANCES,

ACTUELLEMENT EN VIGUEUR,

SUR

L'ADMINISTRATION ET LE CONTENTIEUX,

Par S.-A. **BLANCHET**, S.-Préfet.

SECONDE ÉDITION.

A PARIS,

Chez
{
Paul DUPONT et Cᵉ, libraire, rue Grenelle-St.-Honoré, 55.
JOUBERT, libraire, rue des Grès, 44, près l'école de Droit.
TREUTTELL et WURTS, libraires, rue Delille, 47.
}

1855.

CODE ADMINISTRATIF

DE
L'EMPIRE FRANÇAIS.

CONSTITUTION

DU 14 JANVIER 1852,

Modifiée par les Sénatus-Consultes des 7 novembre et 25 décembre 1852.

TITRE PREMIER.

ARTICLE PREMIER. La Constitution reconnaît, confirme et garantit les grands principes proclamés en 1789, et qui sont la base du droit public des Français. (Art. 1ᵉʳ de la Const.)

TITRE II.

Formes du Gouvernement de l'Empire.

2. La Dignité Impériale est rétablie.

Louis-Napoléon Bonaparte est Empereur des Français, sous le nom de Napoléon III. (Sén.-const. du 7 novembre 1852, art. 1.)

3. L'Empereur gouverne au moyen des ministres, du conseil d'État, du sénat et du corps législatif. (Const., art. 3.)

4. La puissance législative s'exerce collectivement par l'Empereur, le sénat et le corps législatif. *(Ibid.,* art. 4.)

TITRE III.

De l'Empereur.

5. L'Empereur est responsable devant le Peuple Français auquel il a toujours le droit de faire appel. (*Ibid.,* art. 5.)

6. L'Empereur est le chef de l'État ; il commande les forces de terre et de mer, déclare la guerre, fait les traités de paix, d'alliance et de commerce, nomme à tous les emplois, fait les règlements et décrets nécessaires pour l'exécution des Lois. (*Ibid.,* art. 6.)

7. Les traités de commerce faits en vertu de cet article ont force de loi pour les modifications des tarifs qui y sont stipulés. (Sén.-cons. du 25 décembre 1852., art. 3.)

8. Tous les travaux d'utilité publique, notamment ceux désignés par l'art. 10 de la loi du 21 avril 1832 et l'art. 3 de la loi du 3 mai 1841, toutes les entreprises d'intérêt général, sont ordonnés ou autorisés par décrets de l'Empereur.

Ces décrets sont rendus dans les formes prescrites pour les règlements d'administration publique.

Néanmoins, si ces travaux et entreprises ont pour condition des engagements ou des subsides du trésor, le crédit devra être accordé ou l'engagement ratifié par une loi avant la mise à exécution.

Lorsqu'il s'agit de travaux exécutés pour le compte de l'État, et qui ne sont pas de nature à devenir l'objet d'une concession, les crédits peuvent être ouverts, en cas d'urgence, suivant les formes prescrites pour les crédits extraordinaires ; ces crédits seront soumis au corps législatif dans sa plus prochaine session. (*Ibid.*, art. 5.)

9. Les dispositions du décret organique du 22 mars 1852 peuvent être modifiées par des décrets de l'Empereur (1). (*Ibid.*, art. 6.)

10. La justice se rend au nom de l'Empereur. (Const., art. 7.)

11. Il a seul l'initiative des Lois. (*Ibid.*, art. 8.)

12. L'Empereur a le droit de faire grace et d'accorder des amnisties. (*Ibid.*, art. 9 et sén.-cons. du 25 décembre 1852, art. 1.)

13. L'Empereur préside, quand il le juge convenable, le sénat et le conseil d'État. (Sén.-cons. du 25 décembre, art. 2.)

14. Il sanctionne et promulgue les lois et les sénatus-consultes. (Const., art. 10.)

15. Il a le droit de déclarer l'état de siége dans un ou plusieurs départements, sauf à en référer au Sénat dans le plus bref délai.

Les conséquences de l'état de siége sont réglées par la loi. (*Ibid.*, art. 12.)

16. Les ministres ne dépendent que du chef de l'État ; ils ne sont responsables que, chacun en ce qui le concerne, des actes du gouvernement. Il n'y a point de solidarité entre eux. Ils ne peuvent être mis en accusation que par le sénat (2). (*Ibid.*, art. 13.)

---

(1) Voyez ci-après le nouveau décret annoncé sous l'art. 34.

(2) A l'époque de la première édition du *Code Administratif* il y avait *huit* ministères, savoir : 1º Justice et Cultes ; 2º Intérieur ; 3º Finances ; 4º Guerre ; 5º Marine et Colonies ; 6º Affaires Étrangères ; 7º Commerce ; 8º Instruction Publique. Cela a été plusieurs fois modifié.

Il y a aujourd'hui *neuf* ministères, savoir :

1º Le ministère d'État ; 2º le ministère de la Justice ; 3º le ministère de l'Intérieur ; 4º le ministère des Finances ; 5º le ministère de la Guerre ; 6º le ministère de la Marine et des Colonies ; 7º le ministère des Affaires Étrangères ; 8º le ministère de l'Agri-

17. Les ministres, les membres du sénat, du corps législatif et du conseil d'État, les officiers de terre et de mer, les magistrats et les fonctionnaires publics prêtent le serment suivant :

« Je jure obéissance à la Constitution et fidélité à l'Empereur » (1). (*Ibid.*, art. 14, et sén.-cons. du 25 déc., art. 16.)

18. La dotation de la couronne et la liste civile de l'Empereur seront réglées, pour la durée de chaque règne, par un sénatus-consulte spécial (2). (Sén.-cons. du 25 décembre, art. 9.)

19. La dignité Impériale est héréditaire dans la descendance directe

---

culture, du Commerce et des Travaux Publics ; 9° le ministère de l'Instruction Publique et des Cultes.

Par décret du 22 janvier 1852 S. M. a institué un ministère d'État.

Voici ce décret :

Napoléon etc.

Il est institué un ministère d'État qui aura les attributions suivantes :

Les rapports du Gouvernement avec le sénat et le corps législatif, et le conseil d'État; la correspondance du président avec les divers ministères; le contre-seing des décrets portant nomination des présidents du sénat et du corps législatif; nomination des sénateurs et concession des dotations qui peuvent leur être attribuées; nomination des membres du conseil d'État; le contre-seing des décrets rendus par le président, en exécution des pouvoirs qui lui appartiennent, conformément aux articles 24, 28, 31, 46 et 54 de la Constitution, et de ceux concernant les matières qui ne sont spécialement attribuées à aucun département ministériel; la rédaction et la conservation des procès-verbaux du conseil des ministres; la direction exclusive de la partie officielle du Moniteur; l'administration des palais Nationaux et des manufactures Nationales.

Plus tard le ministère de l'Agriculture et du Commerce a été réuni au ministère des Travaux publics. Quelques attributions ont été détachées du ministère de l'Intérieur, et réunies à celles du ministre d'État. (Voyez la note de l'art. 18.)

(1) Le refus ou le défaut de serment sera considéré comme une démission. (Décret du 8-12 mars 1852, art. 1.)

Le serment ne pourra être prêté que dans les termes prescrits par l'art. 14 (17) de la Constitution. Toute addition, modification, restriction ou réserve sera considérée comme refus de serment, et produira le même effet. (Art. 2.)

Des décrets spéciaux détermineront le mode de la prestation des serments des ministres, des membres des grands corps de l'État, des officiers de terre et de mer, des magistrats et des fonctionnaires, ainsi que le délai dans lesquels le serment devra être prêté. (Art. 3.)

(2) Voyez le sénatus-consulte du 11 décembre 1852.

Le décret du 22 janvier 1852 a créé un ministère d'État. L'organisation intérieure de ce ministère a été réglée par un autre décret du 14 février suivant. Les attributions de ce ministère ont encore été augmentées par le décret du 14 décembre 1852 qui a chargé le ministre d'État de l'administration de la liste civile et de la dotation de la couronne.

La maison de S. M. l'Empereur a été organisée par décret du 31 décembre 1852 ; les formes de la comptabilité de la maison de l'Empereur ont été déterminées par décret du 19 janvier 1853.

La maison de S. M. l'Impératrice a été aussi organisée par un décret.

et légitime de Louis-Napoléon Bonaparte, de mâle en mâle, par ordre de primogéniture, et à l'exclusion perpétuelle des femmes et de leur descendance. (Sén.-cons., du 7 novembre, art. 2.)

20. Louis-Napoléon Bonaparte, s'il n'a pas d'enfant mâle, peut adopter les enfants et descendants légitimes dans la ligne masculine des frères de l'Empereur Napoléon Ier.

Les formes de l'adoption sont réglées par un sénatus-consulte.

Si, postérieurement à l'adoption, il survient à Louis-Napoléon Bonaparte des enfants mâles, ses fils adoptifs ne pourront être appelés à lui succéder qu'après ses descendants légitimes.

L'adoption est interdite aux successeurs de Louis-Napoléon Bonaparte et leur descendance. (*Ibid.*, art. 3.)

21. Louis-Napoléon Bonaparte règle, par un décret organique adressé au sénat et déposé dans les archives, l'ordre de succession au trône dans la famille Bonaparte, pour le cas où il ne laisserait aucun héritier direct, légitime ou adoptif (1). (*Ibid.*, art. 4.)

22. A défaut d'héritier légitime ou d'héritier adoptif de Louis-Napoléon Bonaparte et des successeurs en ligne collatérale qui prendront leur droit dans le décret organique sus-mentionné, un sénatus-consulte, proposé au sénat par les ministres formés en conseil de Gouvernement avec l'adjonction des présidents en exercice du sénat, du corps législatif et du conseil d'État, et soumis à l'acceptation du Peuple, nomme l'Empereur et règle dans sa famille l'ordre héréditaire, de mâle en mâle, à l'exclusion perpétuelle des femmes et de leur descendance.

Jusqu'au moment où l'élection du nouvel Empereur est consommée, les affaires de l'État sont gouvernées par les ministres en fonction qui se forment en conseil de Gouvernement, et délibèrent à la majorité des voix. (*Ibid.*, art. 5.)

23. Les membres de la famille de Louis-Napoléon Bonaparte appelés éventuellement à l'hérédité, et leur descendance des deux sexes, font partie de la famille Impériale. Un sénatus-consulte règle leur position (2). Ils ne peuvent se marier sans l'autorisation de l'Empereur. Leur mariage, fait sans cette autorisation, emporte privation de tout droit à l'hérédité, tant pour celui qui l'a contracté que pour ses descendants.

Néanmoins, s'il n'existe pas d'enfant de ce mariage, en cas de dissolution pour cause de décès, le prince qui l'aurait contracté recouvre ses droits à l'hérédité.

Louis-Napoléon Bonaparte fixe les titres et la condition des autres membres de sa famille.

L'Empereur a pleine autorité sur tous les membres de la famille; il

____

(1) Voyez le décret du 18 décembre 1852.
(2) Voyez le décret du 24 juin 1853.

règle leurs devoirs et leurs obligations par des statuts qui ont force de loi. (*Ibid.*, art. 6.)

24. Les membres de la famille Impériale appelés éventuellement à l'hérédité, et leurs descendants portent le titre de *Princes Français*.

Le fils aîné de l'Empereur porte le titre de *Prince Impérial*. (Sén.-cons. du 25 décembre, art. 6.)

25. Les Princes Français sont membres du sénat et du conseil d'État quand ils ont atteint l'âge de dix-huit ans accomplis.

Ils ne peuvent y siéger qu'avec l'agrément de l'Empereur. (*Ibid.*, art. 7.)

26. Les actes de l'État civil de la famille Impériale sont reçus par le ministre d'État, et transmis, sur un ordre de l'Empereur, au sénat, qui en ordonne la transcription sur ses registres, et le dépôt dans les archives. (*Ibid.*, art. 8.)

TITRE IV.

Du Sénat.

27. Le nombre des sénateurs nommés directement par l'Empereur ne pourra excéder cent cinquante. (*Ibid.*, art. 10.)

28. Le sénat se compose :

1° Des cardinaux, des maréchaux, des amiraux ;

2° Des citoyens que l'Empereur juge convenable d'élever à la dignité de sénateur. (Const., art. 20.)

Une dotation annuelle et viagère de trente mille francs est affectée à la dignité de sénateur. (Sén.-cons. du 25 décembre 1852, art. 11.)

29. Les sénateurs sont inamovibles et à vie. (Const., art. 21.)

30. Le président et les vice-présidents du sénat sont nommés par l'Empereur et choisis parmi les sénateurs.

Ils sont nommés pour un an.

Le traitement du président du sénat est fixé par un décret. (Art. 23.)

31. L'Empereur convoque et proroge le sénat. Il fixe la durée de ses sessions par un décret.

Les séances du sénat ne sont pas publiques (1). (*Ibid.*, art. 24.)

---

(1) **Organisation du Conseil d'État, du Sénat et du Corps législatif.**

Napoléon,

Par la grace de Dieu et la volonté nationale, Empereur des Français,

A tous présents et à venir, salut :

Vu l'article 4 de la constitution ;

Vu le sénatus-consulte organique du 25 décembre 1852 ;

Vu le décret du 22 mars 1852,

32. Le sénat est le gardien du pacte fondamental et des libertés publiques. Aucune loi ne peut être promulguée avant de lui avoir été soumise. (*Ibid.*, art. 25.)

Avons décrété et décrétons ce qui suit :

TITRE Ier.

Du conseil d'État.

Art. 1er. Les projets de lois et de sénatus-consultes, les règlements d'administration publique préparés par les différents départements ministériels, sont soumis à l'Empereur, qui les remet directement ou les fait adresser par le ministre d'État au président du conseil d'État.

Art. 2. Les ordres du jour des séances du conseil d'État sont envoyés à l'avance au ministre d'État, et le président du conseil d'État pourvoit à ce que ce ministre soit toujours avisé en temps utile de tout ce qui concerne l'examen ou la discussion des projets de lois, des sénatus-consultes et des règlements d'administration publique envoyés à l'élaboration du conseil.

Art. 3. Les projets de lois ou de sénatus-consultes, après avoir été élaborés au conseil d'État, conformément à l'art. 50 de la Constitution, sont remis à l'Empereur par le président du conseil d'État, qui y joint les noms des commissaires qu'il propose pour en soutenir la discussion devant le corps législatif ou le sénat.

Art. 4. Un décret de l'Empereur ordonne la présentation du projet de loi au corps législatif, ou du sénatus-consulte au sénat, et nomme les conseillers d'État chargés d'en soutenir la discussion.

Art. 5. Ampliation de ce décret est transmise avec le projet de loi ou de sénatus-consulte au corps législatif ou au sénat par le ministre d'État.

TITRE II.

Du Sénat.

CHAPITRE PREMIER.

Réunion du Sénat; formation des Bureaux.

Art. 6. Pendant la durée des sessions, le sénat se réunit sur la convocation de son président.

Quand la session est close, les réunions du sénat ne peuvent avoir lieu qu'en vertu d'un décret de l'Empereur.

Art. 7. Le sénat se divise, par la voie du sort, en cinq bureaux.

Ces bureaux examinent les propositions qui leur sont renvoyées, et élisent les commissions qu'il y a lieu de nommer.

CHAPITRE II.

Des projets de Lois.

Art. 8. Les projets de lois adoptés par le corps législatif, et qui doivent être soumis au sénat en exécution de l'art. 25 de la constitution, sont, avec les décrets qui nomment les conseillers d'État chargés de soutenir la discussion, transmis par le ministre d'État au président du sénat, qui en donne lecture en séance générale.

Art. 9. Le sénat décide immédiatement, par assis et levé, s'il est nécessaire de renvoyer le projet de loi à la discussion des bureaux et à l'examen d'une commission, ou s'il peut être, sans cet examen préliminaire, passé outre à la délibération en séance générale.

33. Le sénat s'oppose à la promulgation :

1° Des lois qui seraient contraires ou qui porteraient atteinte à la
constitution, à la religion, à la morale, à la liberté des cultes, à la

---

Art. 10. Le sénat n'ayant à statuer que sur la question de la promulgation, son
vote ne comporte la présentation d'aucun amendement.

Art. 11. Au jour indiqué par la délibération en séance générale, le sénat, après la
clôture de la discussion prononcée par le président, vote sur la question de savoir
s'il y a lieu de s'opposer à la promulgation.

Art. 12. Le vote n'est pas secret.

Il est pris à la majorité absolue par un nombre de votants supérieur à la moitié de
celui des membres du sénat; sinon, il est nul et doit être recommencé.

Art. 13. Le vote est recensé par le secrétaire du sénat, assisté de deux secrétaires
élus pour chaque session.

Art. 14. Le président du sénat proclame en ces termes le résultat du scrutin : « Le
sénat s'oppose, » ou «le sénat ne s'oppose pas à la promulgation. »

Art. 15. Le résultat de la délibération est transmis au ministre d'État par le président du sénat.

CHAPITRE III.
Des Sénatus-Consultes.

Art. 16. L'Empereur propose les sénatus-consultes réglant les objets énumérés dans
l'article 27 de la constitution; l'initiative de la proposition peut aussi être prise par un
ou plusieurs sénateurs.

Art. 17. Les projets de sénatus-consultes proposés par l'Empereur seront portés et
lus au sénat par les conseillers d'État à ce commis, discutés dans les bureaux, et exa-
minés par une commission qui en fera rapport en séance générale.

Ceux provenant de l'initiative des sénateurs ne seront lus en séance générale qu'autant
que la prise en considération en aura été autorisée par trois au moins des cinq bureaux.

Dans ce cas, le texte en sera immédiatement transmis, par le président du sénat, au
ministre d'État, et une commission sera nommée, comme il est dit en l'article précédent.

Art. 18. Les amendements proposés sur le projet de sénatus-consulte seront, jusqu'à l'ouverture de la délibération en séance générale, renvoyés par le président du
sénat à la commission, qui exprimera son avis, soit dans son rapport principal, soit dans
un rapport supplémentaire.

Les amendements produits pendant la délibération en séance générale ne seront
lus et développés qu'autant qu'ils seront appuyés par cinq membres.

Le texte en sera toujours, et à l'avance, communiqué aux commissaires du gouvernement.

La commission a le droit de demander qu'avant le vote l'amendement lui soit
renvoyé.

Art. 19. Le vote, soit sur les articles du projet de sénatus-consulte, soit sur son
ensemble, a lieu conformément aux articles 12 et 13 du présent décret.

Le président en proclame le résultat en ces termes : «Le sénat a adopté, » ou
«le sénat n'a pas adopté.»

Art. 20. Le résultat de la délibération est porté à l'Empereur par le président
du sénat ou par deux vice-présidents qu'il délègue.

CHAPITRE IV.
Actes dénoncés au Sénat comme Inconstitutionnels.

Art. 21. Lorsqu'un acte est déféré comme inconstitutionnel par le gouvernement
au sénat, le décret qui saisit le sénat et qui nomme les conseillers d'État devant

liberté individuelle, à l'égalité des citoyens devant la loi, à l'inviolabilité de la propriété et au principe de l'inamovibilité de la magistrature ;

---

prendre part à la discussion, est transmis par le ministre d'État au président du sénat.

Les bureaux examinent cette demande, et nomment une commission, sur le rapport de laquelle il est procédé au vote, conformément aux articles 12 et 13 du présent décret.

Le président proclame le résultat en ces termes : «Le sénat maintient ou annule.»

Art. 22. Si l'inconstitutionnalité est dénoncée par une pétition, il est procédé de la même manière.

Toutefois, et préalablement, la pétition est lue en séance générale. La question préalable peut alors être proposée; et, si elle est admise, le président prononce qu'il n'y a lieu à plus ample informé.

Si la question préalable n'est pas admise, le président du sénat en avise le ministre d'État; la pétition est renvoyée dans les bureaux, et il est procédé comme en l'article précédent.

Art. 23. La décision du sénat est transmise, par les soins du président, au ministre d'Etat.

CHAPITRE V.

Rapports à l'Empereur sur les bases des projets de lois d'un grand intérêt National.

Art. 24. Tout sénateur peut proposer de présenter à l'Empereur un rapport posant les bases d'un projet de loi d'un grand intérêt national.

La proposition est motivée par écrit, remise au président du sénat, imprimée, distribuée et renvoyée dans les bureaux.

Art. 25. Si trois bureaux au moins sont d'avis de la prise en considération, le président du sénat en avise le ministre d'État.

Une commission est nommée dans les bureaux, et cette commission rédige le projet de rapport à envoyer à l'Empereur.

Art. 26. Ce projet de rapport, imprimé, distribué et transmis à l'avance au ministre d'État, est discuté en séance générale.

Il peut être amendé dans les formes prévues par l'article 18 du présent décret.

Art. 27. Le vote sur l'adoption ou le rejet du projet de rapport a lieu conformément aux articles 12 et 13 du présent décret.

Le président du sénat proclame le résultat en ces termss :

Le rapport est adopté, ou *le rapport n'est pas adopté.*

Art. 28. S'il y a adoption, le rapport est envoyé par le président du sénat au ministre d'État.

CHAPITRE VI.

Des propositions et modifications de la Constitution.

Art. 29. Toute proposition de modification à la constitution, autorisée par l'article 31 de la constitution, ne peut être déposée par des membres du sénat qu'autant qu'elle est signée par dix sénateurs au moins.

Quand une proposition est déposée dans ces conditions, il est procédé conformément aux articles 17, deuxième et troisième paragraphe, 18 et 19 du présent décret.

Le résultat de la délibération est porté, par le président du sénat, à l'Empereur, qui avise, conformément à l'article 31 de la constitution.

2° De celles qui pourraient compromettre la défense du territoire. (*Ibid.*, art. 26.)

34. Le sénat règle par un sénatus-consulte :

CHAPITRE VII.
Pétitions.

Art. 30. Les pétitions adressées au sénat, conformément à l'article 45 de la constitution, sont examinées par des commissions nommées chaque mois dans les bureaux.

Le feuilleton des pétitions est toujours communiqué à l'avance au ministre d'État.

Il est fait rapport des pétitions en séance générale, et le vote porte sur l'ordre du jour pur et simple, le dépôt au bureau des renseignements, ou le renvoi au ministre compétent.

Si le renvoi au ministre compétent est prononcé, la pétition et un extrait de la délibération sont, par les ordres du président du sénat, transmis au ministre d'État.

CHAPITRE VIII.
Proclamation de l'Empereur au Sénat.

Art. 31. Les proclamations de l'Empereur portant ajournement, prorogation ou clôture de la session, sont portées au sénat par les ministres ou les conseillers d'État à ce commis ; elles sont lues toute affaire cessante, et le sénat se sépare à l'instant.

CHAPITRE IX.
Dispositions communes aux chapitres précédents.

Art. 32. Dans toute délibération du sénat, le gouvernement a le droit d'être représenté par des conseillers d'État à ce commis par des décrets spéciaux.

Les ordres du jour des séances sont toujours envoyés à l'avance au ministre d'État, et le président du sénat veille à ce que tous les avis et communications nécessaires lui soient transmis en temps utile.

Art. 33. Les commissaires du gouvernement ne sont point assujettis au tour de parole. Ils obtiennent la parole quand ils la demandent.

CHAPITRE X.
Administration du Sénat.

Art. 34. Le président du sénat le représente dans ses rapports avec le chef de l'Etat, et dans les cérémonies publiques.

Il préside les séances du sénat.

Art. 35. En cas d'absence du président du sénat, la présidence est exercée par le premier vice-président.

Art. 36. Le grand référendaire est chargé de la direction des services administratifs et de la comptabilité. Il est le chef du personnel des employés ; il veille au maintien de l'ordre intérieur et de la sûreté. Il délivre les certificats de vie et les passe-ports. Il fait expédier les convocations pour les cérémonies.

Art. 37. Le secrétaire du sénat est, sous l'autorité du président, chargé du service législatif.

Il dirige la rédaction des procès-verbaux, dont il est responsable, et qu'il présente, après chaque séance, à la signature du président ou de vice-président qui aura tenu la séance.

Il a la garde du sceau du sénat, et l'appose d'après les ordres du président.

Il est chargé de l'ampliation officielle des sénatus-consultes et autres décisions du sénat, et de l'enregistrement des décrets de l'Empereur portant nomination de sénateurs.

1° La constitution des colonies et de l'Algérie;

2° Tout ce qui n'a pas été prévu par la constitution et qui est nécessaire à sa marche;

Il expédie les convocations pour les séances.

Il transmet aux commissions élues pour les examiner les pétitions adressées au sénat.

Art. 38. Le président nomme les employés supérieurs du sénat.

Le grand référendaire présente à la nomination du président les employés du service administratif, le secrétaire du sénat, ceux du service législatif.

Le grand référendaire nomme tous les gens de service.

Art. 39. Le palais du petit et du grand Luxembourg, la maison de la rue d'Enfer, n° 28, et la maison de le rue de Vaugirard, n° 36, le mobilier qui les garnit, les jardins réservés et la bibliothèque sont affectés au sénat.

Le service du commandant militaire du palais, les adjudants et surveillants, ainsi que le service des jardins ouverts au public, sont sous les ordres du grand référendaire.

CHAPITRE XI.

Dispositions concernant l'administration financière et la comptabilité du Sénat.

Art. 40. La dotation du sénat prend place dans le budget de l'État, à la suite des dépenses de la dette publique.

Art. 41. Le grand référendaire propose, chaque année, au président du sénat, le projet du budget des dépenses du sénat.

Ce projet est approuvé par le président et transmis à la commission de comptabilité.

Art. 42. Cette commission examine et discute les dépenses proposées, et rédige un rapport qu'elle présente à l'assemblée.

Art. 43. Le sénat délibère sur les crédits applicables aux besoins de chaque exercice, et vote l'ensemble du budget.

Art. 44. Le grand référendaire mandate les dépenses sur les crédits qui lui sont ouverts par les ordonnances de délégation du ministre des finances.

Ces mandats sont acquittés dans les formes et avec les justifications prescrites par les lois et règlements de la comptabilité publique.

Art. 45. Le compte de chaque exercice est présenté par le grand référendaire au président du sénat, qui le transmet à la commission de comptabilité; celle-ci le vérifie et fait un rapport qu'elle présente au sénat, qui l'arrête définitivement.

TITRE III.

Du Corps Législatif.

CHAPITRE Ier.

Réunion du Corps législatif, formation et organisation des bureaux, vérification des pouvoirs.

Art. 46. Le corps législatif se réunit au jour indiqué par le décret de convocation.

Le gouvernement est représenté dans toutes ses délibérations par des conseillers d'État à ce commis par des décrets spéciaux.

Art. 47. A l'ouverture de la première séance, le président du corps législatif, assisté des quatre plus jeunes membres présents, lesquels rempliront, pendant toute la durée de la session, les fonctions de secrétaires, procède, par la voie du tirage au sort, à la division de l'assemblée en sept bureaux.

Les bureaux, ainsi formés, se renouvellent chaque mois pendant la session par la voie du tirage au sort.

Ils élisent leurs présidents et leurs secrétaires.

3° Le sens des articles de la constitution qui donnent lieu à différentes interprétations. (*Ibid.*, art. 27.)

Art. 48. Les bureaux procèdent, sans délai, à l'examen des procès-verbaux d'élection qui leur sont répartis par le président du corps législatif, et chargent un ou plusieurs de leurs membres d'en faire le rapport en séance publique.

Art. 49. L'assemblée statue sur ce rapport ; si l'élection est déclarée valable, l'élu prête, séance tenante, ou s'il est absent, à la première séance à laquelle il assiste, le serment prescrit par l'article 14 de la constitution et l'article 16 du sénatus-consulte du 29 décembre 1852, et le président du corps législatif prononce ensuite son admission.

Le député qui n'a pas prêté serment dans la quinzaine du jour où son élection a été déclarée valide est réputé démissionnaire.

En cas d'absence, le serment peut être prêté par écrit et doit être, en ce cas, adressé par le député au président du corps législatif dans le délai ci-dessus déterminé.

Art. 50. Après la vérification des pouvoirs et sans attendre qu'il ait été statué sur les élections contestées ou ajournées, le président du corps législatif fait connaître à l'Empereur que le corps législatif est constitué.

CHAPITRE II.

Présentation, discussion, vote des projets de lois.

Art. 51. Les projets de lois présentés par l'Empereur sont apportés et lus au corps législatif par les conseillers d'État commis à cet effet, ou transmis, sur les ordres de l'Empereur, par le ministre d'État au corps législatif, qui en donne lecture en séance publique.

Ces projets sont imprimés, distribués et mis à l'ordre du jour des bureaux, qui les discutent et nomment, au scrutin secret et à la majorité, une commission de sept membres chargés d'en faire rapport.

Suivant la nature des projets à examiner, le corps législatif peut décider que les commissions à nommer par les bureaux seront de quatorze membres au lieu de sept.

Art. 52. Tout amendement provenant de l'initiative d'un ou plusieurs membres est remis au président, et transmis par lui à la commission.

Toutefois, aucun amendement n'est reçu après le dépôt du rapport fait en séance publique.

Art. 53. Les auteurs de l'amendement ont le droit d'être entendus dans la commission.

Art. 54. Si l'amendement est adopté par la commission, elle en transmet la teneur au président du corps législatif, qui le renvoie au conseil d'État, et il est sursis au rapport de la commission jusqu'à ce que le conseil d'État, ait émis son avis.

La commission peut déléguer trois de ses membres pour faire connaître au conseil d'État les motifs qui ont déterminé son vote.

Art. 55. Si l'avis du conseil d'État, transmis à la commission par l'intermédiaire du président du corps législatif, est favorable, ou qu'une nouvelle rédaction, admise au conseil d'État, soit adoptée par la commission, le texte du projet de loi à discuter en séance publique sera modifié conformément à la nouvelle rédaction adoptée.

Si cet avis est favorable ou que la nouvelle rédaction admise au conseil d'État ne soit pas adoptée par la commission, l'amendement sera regardé comme non avenu.

Art. 56. Le rapport de la commission sur le projet de loi par elle examiné est lu en séance publique, imprimé et distribué vingt-quatre heures au moins avant la discussion.

Art. 57. A la séance fixée par l'ordre du jour, la discussion s'ouvre et porte d'abord sur l'ensemble de la loi, puis sur les divers articles. Il n'y a jamais lieu de délibérer sur la question de savoir si l'on passera à la discussion des articles, mais les articles sont successivement mis aux voix par le président.

35. Ces sénatus-consultes seront soumis à la sanction de l'Empereur, et promulgués par lui. (*Ibid.*, art. 28.)

Le vote a lieu par assis et levé. Si le bureau déclare l'épreuve douteuse, il est procédé au scrutin.

Art. 58. Après le vote sur les articles, il est procédé au vote sur l'ensemble du projet de loi.

Le vote a lieu au scrutin public et à la majorité absolue.

Le scrutin est dépouillé par les secrétaires et proclamé par le président.

La présence de la majorité des députés est nécessaire pour la validité du vote.

Si le nombre des votants n'atteint pas cette majorité, le président déclare le scrutin nul et ordonne qu'il y soit procédé de nouveau.

Les propositions de lois relatives à des intérêts communaux ou départementaux, qui ne donnent lieu à aucune réclamation, seront votées par assis et levé, à moins que le scrutin ne soit réclamé par dix membres au moins.

Art. 59. Le corps législatif ne motive ni son acceptation ni son refus; sa décision ne s'exprime que par l'une de ces deux formules :

« Le corps législatif a adopté, » ou « le corps législatif n'a pas adopté.»

Art. 60. La minute du projet de loi adopté par le corps législatif est signée par le président et les secrétaires, et déposée dans les archives.

Une expédition revêtue des mêmes signatures est portée à l'Empereur par le président et les secrétaires.

CHAPITRE III.

Messages et proclamations adressées au corps législatif par l'Empereur.

Art. 61. Les messages et proclamations que l'Empereur adresse au corps législatif, sont apportés et lus en séance par les ministres ou les conseillers d'Etat commis à cet effet.

Ces messages et proclamations ne peuvent être l'objet d'aucune discussion ni d'aucun vote, à moins qu'ils ne contiennent une proposition sur laquelle il doive être voté.

Art. 62. Les proclamations de l'Empereur portant ajournement, prorogation ou dissolution du corps législatif sont lues en séance publique, toute affaire cessante, et le corps législatif se sépare à l'instant.

CHAPITRE IV.

Tenue des Séances.

Art. 63. Le président du corps législatif fait l'ouverture et annonce la clôture des séances; il indique à la fin de chacune, après avoir consulté l'assemblée, l'heure d'ouverture de la séance suivante, et l'ordre du jour est immédiatement envoyé au ministre d'Etat; le président du corps législatif veille à ce que tous les avis et communications nécessaires lui soient transmis en temps utile.

Art. 64. Aucun membre ne peut prendre la parole sans l'avoir demandée et obtenue du président, ni parler d'ailleurs que de sa place.

Art. 65. Les membres du conseil d'État chargés de soutenir, au nom du Gouvernement, la discussion des projets de lois, ne sont point assujettis au tour d'inscription, et obtiennent la parole quand ils la réclament.

Art. 66. Le membre rappelé à l'ordre, pour avoir interrompu, ne peut obtenir la parole.

Si l'orateur s'écarte de la question, le président l'y rappelle. Le président peut accorder la parole sur le rappel à la question.

36. Le sénat maintient ou annule tous les actes qui lui sont déférés comme inconstitutionnels par le gouvernement, ou dénoncés pour la même cause par les pétitions des citoyens. (*Ibid.*, art. 29.)

Si l'orateur rappelé deux fois à la question dans le même discours continue à s'en écarter, le président consulte l'assemblée pour savoir si la parole ne sera pas interdite à l'orateur pour le reste de la séance sur la même question. La décision a lieu par assis et levé sans débats.

Art. 67. Le président rappelle seul à l'ordre l'orateur qui s'en écarte. La parole est accordée à celui qui, rappelé à l'ordre, s'y est soumis et demande à se justifier : il obtient seul la parole.

Lorsqu'un orateur a été rappelé deux fois à l'ordre dans le même discours, le président, après lui avoir accordé la parole pour se justifier, s'il le demande, consulte l'assemblée pour savoir si la parole ne sera pas interdite à l'orateur pour le reste de la séance sur la même question. La décision a lieu par assis et levé et sans débats.

Art. 68. Toute personnalité, tout signe d'approbation ou d'improbation sont interdits.

Art. 69. Si un membre du corps législatif trouble l'ordre, il y est rappelé nominativement par le président ; s'il persiste, le président ordonne d'inscrire au procès-verbal le rappel à l'ordre. En cas de résistance, l'assemblée, sur la proposition du président, prononce sans débats l'exclusion de la salle des séances pendant un temps qui ne peut excéder cinq jours ; l'affiche de cette décision, dans le département où a été élu le membre qu'elle concerne, peut être ordonnée.

Art. 70. Si l'assemblée devient tumultueuse et si le président ne peut la calmer, il se couvre ; si le trouble continue, il annonce qu'il va suspendre la séance. Si le calme ne se rétablit pas, il suspend la séance pendant une heure, durant laquelle les députés se réunissent dans les bureaux respectifs. L'heure expirée, la séance est reprise ; mais si le tumulte renaît, le président lève la séance et la renvoie au lendemain.

Art. 71. Les réclamations d'ordre du jour, de propriété et de rappel au règlement ont la préférence sur la question principale et en suspendent la discussion.

Les votes d'ordre du jour ne sont jamais motivés.

La question préalable, c'est-à-dire celle qu'il n'y a lieu à délibérer, est mise aux voix avant la question principale. Elle ne peut être demandée sur les propositions faites par l'Empereur.

Art. 72. Les demandes de comité secret, autorisées par l'article 14 de la constitution, sont signées par les membres qui les font et remises aux mains du président qui en donne lecture, y fait droit et les fait consigner au procès-verbal.

Art. 73. Lorsque l'autorisation exigée par l'art. 11 de la loi du 2 février 1852 sera demandée, le président indiquera seulement l'objet de la demande et renverra immédiatement dans les bureaux qui nommeront une commission pour examiner s'il y a lieu d'autoriser les poursuites.

CHAPITRE V.

Procès-verbaux et comptes rendus.

Art. 74. La rédaction des procès-verbaux des séances et la préparation du compte-rendu prescrit par l'art. 42 de la constitution, sont placées sous la haute direction du président du corps législatif et confiées à des rédacteurs spéciaux nommés par lui et qu'il peut révoquer.

Art. 75. Le procès-verbal de chaque séance constate seulement, conformément à l'art. 43 du sénatus-consulte du 25 décembre 1852, les opérations et les votes du corps législatif. Il est signé du président et lu par l'un des secrétaires à la séance suivante.

37. Le sénat peut, dans un rapport adressé à l'Empereur, poser les bases des projets de loi d'un grand intérêt national. (*Ibid.*, art. 30.)

Art. 76. Les comptes-rendus prescrits par l'art. 42 de la constitution contiennent les noms des membres qui ont pris la parole dans la séance, et le résumé de leurs opinions.

Art. 77. Les procès-verbaux des séances, après leur approbation par l'assemblée, les comptes-rendus, après leur approbation par la commission instituée par l'art. 13 du sénatus-consulte organique du 25 décembre 1852, sont transcrits sur deux registres signés par le président.

Art. 78. Un arrêté spécial du président du corps législatif règle le mode de communication de ce compte-rendu aux journaux.

Art. 79. Tout membre peut faire imprimer et distribuer à ses frais le discours qu'il a prononcé, après en avoir obtenu l'autorisation de la commission instituée par l'art. 13 du sénatus-consulte du 25 décembre 1852.

Cette autorisation doit être approuvée par le corps législatif.

L'impression et la distribution faites en contravention aux dispositions qui précèdent, seront punies d'une amende de 500 à 5,000 fr. contre les imprimeurs, et de 5 à 500 fr. contre les distributeurs.

CHAPITRE VI.
Installation et administration intérieure.

Art. 80. Le palais Bourbon et l'hôtel de la présidence, avec leurs mobiliers et dépendances, restent affectés au corps législatif.

Art. 81. Le président du corps législatif a la haute administration de ce corps. Il habite le palais.

Art. 82. Il règle, par des arrêtés spéciaux, l'organisation de tous les services et l'emploi des fonds affectés aux dépenses du corps législatif.

Art. 83. Il est assisté de deux questeurs nommés pour l'année par l'Empereur.

Les questeurs ordonnancent, conformément aux arrêtés pris par le président et sur la délégation de crédit faite par le ministre des finances, les dépenses du personnel et du matériel. Le président peut leur déléguer tout ou partie de ses pouvoirs administratifs. Les questeurs habitent au palais législatif et reçoivent un traitement.

Art. 84. Le président du corps législatif pourvoit à tous les emplois et prononce les révocations quand il y a lieu.

Art. 85. Une commission de sept membres nommés par les bureaux à chaque session annuelle procède à l'apurement et au jugement des comptes du trésorier du corps législatif, et transmet son arrêté au président de ce corps qui en assure l'exécution.

CHAPITRE VII.
De la police intérieure du Corps législatif.

Art. 86. Le président du corps législatif a la police des séances et celle de l'enceinte du palais.

Art. 87. Nul étranger ne peut, sous aucun prétexte, s'introduire dans l'enceinte où siégent les députés.

Art. 88. Toute personne qui donne des marques d'approbation ou d'improbation, ou qui trouble l'ordre, est sur-le-champ exclue des tribunes par les huissiers, et traduite, s'il y a lieu, devant l'autorité compétente.

CHAPITRE VIII.
Congés.

Art. 89. Aucun membre du corps législatif ne peut s'absenter sans obtenir un congé de l'assemblée.

38. Il peut également proposer des modifications à la constitution. Si la proposition est adoptée par le Pouvoir exécutif, il y est statué par un sénatus-consulte. (*Ibid.*, art. 31.)

39. Néanmoins, sera soumise au suffrage universel toute modification aux bases fondamentales de la constitution, telles qu'elles ont été posées dans la proclamation du deux décembre et adoptées par le Peuple français. (*Ibid.*, art. 32.)

40. En cas de dissolution du corps législatif, et jusqu'à une nouvelle convocation, le sénat, sur la proposition de l'Empereur, pourvoit, par des mesures d'urgence, à tout ce qui est nécessaire à la marche du gouvernement. (*Ibid.*, art. 33.)

TITRE V.

Du Corps législatif.

41. L'élection a pour base la population. (*Ibid.*, art. 34.)

42. Il y aura un député au corps législatif à raison de trente-cinq

---

Les passe-ports sont signés par le président du corps législatif, qui, sauf les cas d'urgence, ne peut les délivrer qu'après le congé obtenu.

CHAPITRE IX.

Dispositions générales.

Art. 90. La dotation du corps législatif est inscrite au budget immédiatement après celle du sénat.

Art. 91. Le président pourvoit, par des arrêtés règlementaires, à tous les détails de la police et de l'administration du corps législatif.

TITRE IV.

Art. 92. La garde militaire du sénat et du corps législatif est sous les ordres du ministre de la guerre, qui s'entend à ce sujet avec le président du sénat et avec le président du corps législatif.

Pendant la session, une garde d'honneur rend les honneurs militaires aux présidents de ces deux corps lorsqu'ils se rendent aux séances.

Fait au palais des Tuileries, le 31 décembre 1852.   NAPOLÉON.

    Par l'Empereur :

Le ministre d'État, ACHILLE FOULD.

Préséance des grands corps de l'État.

LOUIS-NAPOLÉON, Président de la République française,

Décrète :

Art. 1er. Les préséances entre les grands corps de l'État sont réglées ainsi qu'il suit :

Le Sénat ;

Le Corps législatif,

Le Conseil d'État.

2. Le ministre d'État est chargé de l'exécution du présent décret.

Fait au palais des Tuileries, le 19 avril 1852.   LOUIS-NAPOLÉON.

    Par le Président :

Le ministre d'État, DE CASABIANCA.

mille électeurs. (*Ibid.*, art. 35.)

43. Les députés sont élus par le suffrage universel, sans scrutin de liste (1). (*Ibid.*, art. 36.)

---

(1) **Décret organique pour l'élection des députés au Corps législatif.**

AU NOM DU PEUPLE FRANÇAIS.

Louis-Napoléon, président de la république,

Sur le rapport du ministre secrétaire d'État au département de l'intérieur,

Décrète :

TITRE PREMIER.

Du Corps Législatif.

Art. 1er. Chaque département aura un député à raison de trente-cinq mille électeurs ; néanmoins, il est attribué un député de plus à chacun des départements dans lesquels le nombre excédant des électeurs s'élève à vingt-cinq mille. En conséquence, le nombre total des députés au prochain corps législatif est de deux cent soixante et un.

L'Algérie et les colonies ne nomment pas des députés au corps législatif.

Art. 2. Chaque département est divisé, par un décret du pouvoir exécutif, en circonscriptions électorales égales en nombre aux députés qui lui sont attribués par le tableau annexé à la présente loi.

Ce tableau sera revisé tous les cinq ans.

Chaque circonscription élit un seul député.

Art. 3. Le suffrage est direct et universel.

Le scrutin est secret.

Les électeurs se réunissent au chef-lieu de leur commune.

Chaque commune peut néanmoins être divisée, par arrêté du préfet, en autant de sections que le rend nécessaire le nombre des électeurs inscrits ; l'arrêté pourra fixer le siége de ces sections hors du chef-lieu de la commune.

Art. 4. Les colléges électoraux sont convoqués par un décret du pouvoir exécutif. L'intervalle entre la promulgation du décret et l'ouverture des colléges électoraux est de vingt jours au moins.

Art. 5. Les opérations électorales sont vérifiées par le corps législatif, qui est seul juge de leur validité.

Art. 6. Nul n'est élu ni proclamé député au corps législatif, au premier tour de scrutin, s'il n'a réuni : 1o la majorité absolue des suffrages exprimés ; 2o un nombre de voix égal au quart de celui des électeurs inscrits sur la totalité des listes de la circonscription électorale.

Au second tour de scrutin, l'élection a lieu à la majorité relative, quel que soit le nombre des votants ; dans le cas où les candidats obtiendraient un nombre égal de suffrages, le plus âgé sera proclamé député.

Art. 7. Le député élu dans plusieurs circonscriptions électorales doit faire connaître son option au président du corps législatif dans les dix jours qui suivront la déclaration de la validité de ces élections.

Art. 8. En cas de vacance par option, décès, démission ou autrement, le collége électoral qui doit pourvoir à la vacance, est réuni dans le délai de six mois.

Art. 9. Les députés ne pourront être recherchés, accusés ni jugés en aucun temps pour les opinions qu'ils auront émises dans le sein du corps législatif.

44. Ils sont nommés pour six ans. (*Ibid.*, art. 38.)

45. Le corps législatif discute et vote les projets de loi et l'impôt. (*Ibid.*, art. 39.)

Art. 10. Aucune contrainte par corps ne peut être exercée contre un député durant la session et pendant les six semaines qui l'auront précédée ou suivie.

Art. 11. Aucun membre du corps législatif ne peut, pendant la durée de la session, être poursuivi ni arrêté en matière criminelle, sauf le cas de flagrant délit, qu'après que le corps législatif a autorisé la poursuite.

TITRE II.

Des Électeurs et des Listes électorales.

Art. 12. Sont électeurs, sans condition de cens, tous les Français âgés de vingt et un ans accomplis, jouissant de leurs droits civils et politiques.

Art. 13. La liste électorale est dressée, pour chaque commune, par le maire. Elle comprend, par ordre alphabétique :

1º Tous les électeurs habitant dans la commune depuis six mois au moins ;

2º Ceux qui, n'ayant pas atteint, lors de la formation de la liste, les conditions d'âge et d'habitation, doivent les acquérir avant la clôture définitive.

Art. 14. Les militaires en activité de service et les hommes retenus pour le service des ports ou de la flotte, en vertu de leur immatriculation sur les rôles de l'inscription maritime, seront portés sur les listes des communes où ils étaient domiciliés avant leur départ.

Ils ne pourront voter pour les députés au corps législatif que lorsqu'ils seront présents, au moment de l'élection, dans la commune où ils seront inscrits.

Art. 15. Ne doivent pas être inscrits sur les listes électorales :

1º Les individus privés de leurs droits civils et politiques par suite de condamnation, soit à des peines afflictives ou infamantes, soit à des peines infamantes seulement ;

2º Ceux auxquels les tribunaux jugeant correctionnellement ont interdit le droit de vote et d'élection, par application des lois qui autorisent cette interdiction ;

3º Les condamnés pour crime à l'emprisonnement, par application de l'article 463 du Code pénal ;

4º Ceux qui ont été condamnés à trois mois de prison par application des articles 318 et 423 du Code pénal ;

5º Les condamnés pour vol, escroquerie, abus de confiance, soustraction commise par les dépositaires de deniers publics, ou attentats aux mœurs prévus par les articles 330 et 334 du Code pénal, quelle que soit la durée de l'emprisonnement auquel ils ont été condamnés ;

6º Les individus qui, par application de l'article 8 de la loi du 17 mai 1819 et de l'article 3 du décret du 11 août 1848, auront été condamnés pour outrage à la morale publique et religieuse ou aux bonnes mœurs, et pour attaque contre le principe de la propriété et les droits de la famille ;

7º Les individus condamnés à plus de trois mois d'emprisonnement en vertu des articles 31, 33, 34, 35, 36, 38, 39, 40, 41, 42, 45, 46 de la présente loi ;

8º Les notaires, greffiers et officiers ministériels destitués en vertu de jugements ou décisions judiciaires ;

9º Les condamnés pour vagabondage ou mendicité ;

10º Ceux qui auront été condamnés à trois mois de prison au moins, par application des articles 439, 443, 444, 445, 446, 447 et 452 du Code pénal ;

11º Ceux qui auront été déclarés coupables des délits prévus par les articles 410 et 411 du Code pénal et par la loi du 21 mai 1836 portant prohibition des loteries ;

46. Tout amendement adopté par la commission chargée d'examiner un projet de loi sera renvoyé, sans discussion, au conseil d'état par le président du corps législatif.

12º Les militaires condamnés au boulet ou aux travaux publics ;

13º Les individus condamnés à l'emprisonnement par application des articles 38, 41, 43 et 45 de la loi du 21 mars 1832 sur le recrutement de l'armée ;

14º Les individus condamnés à l'emprisonnement par application de l'article 1er de la loi du 27 mars 1851 ;

15º Ceux qui ont été condamnés pour délit d'usure ;

16º Les interdits ;

17º Les faillis non réhabilités dont la faillite a été déclarée soit par les tribunaux français, soit par jugements rendus à l'étranger, mais exécutoires en France.

Art. 16. Les condamnés à plus d'un mois d'emprisonnement pour rébellion, outrages et violences envers les dépositaires de l'autorité ou de la force publique, pour outrages publics envers un juré à raison de ses fonctions ou envers un témoin à raison de sa déposition, pour délits prévus par la loi sur les attroupements et la loi sur les clubs, et pour infractions à la loi sur le colportage, ne pourront pas être inscrits sur la liste électorale pendant cinq ans, à dater de l'expiration de leur peine.

Art. 17. Les listes électorales qui ont servi au vote des 20 et 21 décembre 1851 sont déclarées valables jusqu'au 31 mars 1853.

Art. 18. Les listes électorales sont permanentes.

Elles sont l'objet d'une révision annuelle.

Un décret du pouvoir exécutif déterminera les règles et les formes de cette opération.

Art. 19. Lors de la révision annuelle, et dans les délais qui seront réglés par les décrets du pouvoir exécutif, tout citoyen omis sur la liste pourra présenter sa réclamation à la mairie.

Tout électeur inscrit sur l'une des listes de la circonscription électorale pourra réclamer la radiation ou l'inscription d'un individu omis ou indûment inscrit.

Le même droit appartient aux préfets et aux sous-préfets.

Il sera ouvert, dans chaque mairie, un registre sur lequel les réclamations seront inscrites par ordre de date. Le maire devra donner récépissé de chaque réclamation.

L'électeur dont l'inscription aura été contestée en sera averti, sans frais, par le maire, et pourra présenter ses observations.

Art. 20. Les réclamations seront jugées par une commission composée, à Paris, du maire et de deux adjoints ; partout ailleurs, du maire et de deux membres du conseil municipal désignés par le conseil.

Art. 21. Notification de la décision sera, dans les trois jours, faite aux parties intéressées par le ministère d'un agent assermenté.

Elles pourront interjeter appel dans les cinq jours de la notification.

Art. 22. L'appel sera porté devant le juge de paix du canton ; il sera formé par simple déclaration au greffe ; le juge de paix statuera dans les dix jours, sans frais ni forme de procédure, et sur simple avertissement, donné trois jours à l'avance à toutes les parties intéressées.

Toutefois, si la demande portée devant lui implique la solution préjudicielle d'une question d'état, il renverra préalablement les parties à se pourvoir devant les juges compétents, et fixera un bref délai dans lequel la partie qui aura élevé la question préjudicielle devra justifier de ses diligences.

Il sera procédé en ce cas, conformément aux articles 855, 856 et 858 du Code de procédure.

Si l'amendement n'est pas adopté par le conseil d'état, il ne pourra pas être soumis à la délibération du corps législatif. (*Ibid.*, art. 40.)

47. Le budget des dépenses est présenté au corps législatif, avec ses subdivisions administratives, par chapitres et par articles.

Art. 23. La décision du juge de paix est en dernier ressort; mais elle peut être déférée à la cour de cassation.

Le pourvoi n'est recevable que s'il est formé dans les dix jours de la notification de la décision.

Il n'est pas suspensif.

Il est formé par simple requête, dénoncée aux défenseurs dans les dix jours qui suivent; il est dispensé de l'intermédiaire d'un avocat à la cour, et jugé d'urgence, sans frais ni consignation d'amende.

Les pièces et mémoires fournis par les parties sont transmis, sans frais, par le greffier de la justice de paix au greffier de la cour de cassation.

La chambre des requêtes de la cour de cassation statue définitivement sur le pourvoi.

Art. 24. Tous les actes judiciaires sont, en matière électorale, dispensés du timbre, et enregistrés gratis.

Les extraits des actes de naissance nécessaires pour établir l'âge des électeurs sont délivrés gratuitement sur papier libre à tout réclamant. Ils portent en tête de leur texte l'énonciation de leur destination spéciale et ne peuvent servir à aucune autre.

Art. 25. L'élection est faite sur la liste revisée pendant toute l'année qui suit la clôture de la liste.

TITRE III.

Des Éligibles.

Art. 26. Sont éligibles, sans condition de domicile, tous les électeurs âgés de vingt-cinq ans.

Art. 27. Sont déclarés indignes d'être élus les individus désignés aux articles 15 et 16 de la présente loi.

Art. 28. Sera déchu de la qualité de membre du corps législatif tout député qui, pendant la durée de son mandat, aura été frappé d'une condamnation emportant, aux termes de l'article précédent, la privation du droit d'être élu.

La déchéance sera prononcée par le corps législatif sur le vu des pièces justificatives.

Art. 29. Toute fonction publique rétribuée est incompatible avec le mandat de député au corps législatif.

Tout fonctionnaire rétribué, élu député au corps législatif, sera réputé démissionnaire de ses fonctions par le seul fait de son admission comme membre du corps législatif, s'il n'a pas opté avant la vérification de ses pouvoirs.

Tout député au corps législatif est réputé démissionnaire par le seul fait de l'acceptation de fonctions publiques salariées.

Art. 30. Ne pourront être élus dans tout ou partie de leur ressort, pendant les six mois qui suivraient leur destitution, leur démission ou tout autre changement de leur position, les fonctionnaires publics ci-après indiqués :

Les premiers présidents, les procureurs généraux;

Les présidents des tribunaux civils et les procureurs de la République;

Le commandant supérieur des gardes nationales de la Seine;

Le préfet de police, les préfets et les sous-préfets;

Les archevêques, évêques et vicaires généraux;

Les officiers généraux commandant les divisions et subdivisions militaires;

Les préfets maritimes.

Il est voté par ministère.

La répartition par chapitres du crédit accordé pour chaque ministère est réglée par décret de l'Empereur, rendu en conseil d'état.

TITRE IV.
Dispositions Pénales.

Art. 31. Toute personne qui se sera fait inscrire sur la liste électorale sous de faux noms ou de fausses qualités, ou aura, en se faisant inscrire, dissimulé une incapacité prévue par la loi, ou aura réclamé et obtenu une inscription sur deux ou plusieurs listes, sera punie d'un emprisonnement d'un mois à un an et d'une amende de 100 à 1,000 francs.

Art. 32. Celui qui, déchu du droit de voter, soit par suite d'une condamnation judiciaire, soit par suite d'une faillite non suivie de réhabilitation, aura voté, soit en vertu d'une inscription sur les listes antérieures à sa déchéance, soit en vertu d'une inscription postérieure, mais opérée sans sa participation, sera puni d'un emprisonnement de quinze jours à trois mois, et d'une amende de 20 à 500 francs.

Art. 33. Quiconque aura voté dans une assemblée électorale, soit en vertu d'une inscription obtenue dans les deux premiers cas prévus par l'art. 31, soit en prenant faussement les noms et qualités d'un électeur inscrit, sera puni d'un emprisonnement de six mois à deux ans, et d'une amende de 200 francs à 2,000 francs.

Art. 34. Sera puni de la même peine tout citoyen qui aura profité d'une inscription multiple pour voter plus d'une fois.

Art. 35. Quiconque étant chargé, dans un scrutin, de recevoir, compter ou dépouiller les bulletins contenant les suffrages des citoyens, aura soustrait, ajouté ou altéré des bulletins, ou lu un nom autre que celui inscrit, sera puni d'un emprisonnement d'un an à cinq ans, et d'une amende de 500 francs à 5,000 francs.

Art. 36. La même peine sera appliquée à tout individu qui, chargé par un électeur d'écrire son suffrage, aura inscrit sur le bulletin un nom autre que celui qui lui était désigné.

Art. 37. L'entrée dans l'assemblée électorale avec armes apparentes est interdite. En cas d'infraction, le contrevenant sera passible d'une amende de 16 à 100 francs.

La peine sera d'un emprisonnement de quinze jours à trois mois et d'une amende de 50 à 300 francs si les armes étaient cachées.

Art. 38. Quiconque aura donné, promis ou reçu des deniers, effets ou valeurs quelconques, sous la condition soit de donner ou de procurer un suffrage, soit de s'abstenir de voter, sera puni d'un emprisonnement de trois mois à deux ans et d'une amende de 500 à 5,000 francs.

Seront punis des mêmes peines, ceux qui, sous les mêmes conditions, auront fait ou accepté l'offre ou la promesse d'emplois publics ou privés.

Si le coupable est fonctionnaire public, la peine sera du double.

Art. 39. Ceux qui, soit par voies de fait, violences ou menaces contre un électeur, soit en lui faisant craindre de perdre son emploi ou d'exposer à un dommage sa personne, sa famille ou sa fortune, l'auront déterminé à s'abstenir de voter, ou auront influencé un vote, seront punis d'un emprisonnement d'un mois à un an et d'une amende de 100 francs à 1,000 francs; la peine sera double si le coupable est fonctionnaire public.

Art. 40. Ceux qui, à l'aide de fausses nouvelles, bruits calomnieux, ou autres manœuvres frauduleuses, auront surpris ou détourné des suffrages, déterminé un ou plusieurs électeurs à s'abstenir de voter, seront punis d'un emprisonnement d'un mois à un an, et d'une amende de 100 à 2,000 francs.

Des décrets spéciaux, rendus dans la même forme, peuvent autoriser des virements d'un chapitre à un autre. Cette disposition est applicable au budget de l'année 1853. (Sén.-cons. du 25 décembre 1852, art 12.)

Art. 41. Lorsque, par attroupements, clameurs ou démonstrations menaçantes, on aura troublé les opérations d'un collége électoral, porté atteinte à l'exercice du droit électoral ou à la liberté du vote, les coupables seront punis d'un emprisonnement de trois mois à deux ans, et d'une amende de 100 à 2,000 francs.

Art. 42. Toute irruption dans un collége électoral consommée ou tentée avec violence, en vue d'empêcher un choix, sera punie d'un emprisonnement d'un an à cinq ans, et d'une amende de 1,000 à 5,000 francs.

Art. 43. Si les coupables étaient porteurs d'armes, ou si le scrutin a été violé, la peine sera la réclusion.

Art. 44. Elle sera des travaux forcés à temps si le crime a été commis par suite d'un plan concerté pour être exécuté soit dans toute la République, soit dans un ou plusieurs départements, soit dans un ou plusieurs arrondissements.

Art. 45. Les membres d'un collége électoral qui, pendant la réunion, se seront rendus coupables d'outrages ou de violences, soit envers le bureau, soit envers l'un de ses membres, ou qui, par voies de fait ou menaces, auront retardé ou empêché les opérations électorales, seront punis d'un emprisonnement d'un mois à un an, et d'une amende de 100 à 2,000 francs.

Si le scrutin a été violé, l'emprisonnement sera d'un an à cinq ans, et l'amende de 1,000 à 5,000 francs.

Art. 46. L'enlèvement de l'urne contenant les suffrages émis et non encore dépouillés sera puni d'un emprisonnement d'un an à cinq ans, et d'une amende de 1,000 à 5,000 francs.

Si cet enlèvement a été effectué en réunion et avec violence, la peine sera la réclusion.

Art. 47. La violation du scrutin faite soit par les membres du bureau, soit par les agents de l'autorité proposés à la garde des bulletins non encore dépouillés, sera punie de la réclusion.

Art. 48. Les crimes prévus par la présente loi seront jugés par la cour d'assises, et les délits par les tribunaux correctionnels; l'article 463 du Code pénal pourra être appliqué.

Art. 49. En cas de conviction de plusieurs crimes ou délits prévus par la présente loi et commis antérieurement au premier acte de poursuite, la peine la plus forte sera seule appliquée.

Art. 50. L'action publique et l'action civile seront prescrites après trois mois, à partir du jour de la proclamation du résultat de l'élection.

Art. 51. La condamnation, s'il en est prononcé, ne pourra, en aucun cas, avoir pour effet d'annuler l'élection déclarée valide par les pouvoirs compétents, ou dûment définitive par l'absence de toute protestation régulière formée dans les délais voulus par les lois spéciales.

Art. 52. Les lois antérieures sont abrogées en ce qu'elles ont de contraire aux dispositions de la présente loi.

TITRE V.

Dispositions générales.

Art. 53. Pour l'élection du Président de la République, une loi spéciale réglera le mode de votation de l'armée.

48. Les députés du corps législatif reçoivent une indemnité, qui est fixée à 2,500 francs par mois, pendant la durée de chaque session ordinaire ou extraordinaire. (*Ibid.*, art. 14.)

Art. 54. Un décret règlementaire rendu en exécution des dispositions de l'article 6 de la constitution, fixera : 1º les formalités administratives pour la révision annuelle des listes ; 2º toutes les dispositions relatives à la composition, aux attributions et aux opérations des colléges électoraux.

Fait au palais des Tuileries, le 2 février 1852.   LOUIS-NAPOLÉON.

Le ministre de l'Intérieur,
   F. DE PERSIGNY.

Tableau du nombre des députés au corps législatif à élire par chaque département.

Ain	3	Lot	2
Aisne	4	Lot-et-Garonne	3
Allier	2	Lozère	1
Alpes (Basses)	1	Maine-et-Loire	4
Alpes (Hautes-)	1	Manche	4
Ardèche	3	Marne	3
Ardennes	2	Marne (Haute-)	2
Ariége	2	Mayenne	3
Aube	2	Meurthe	3
Aude	2	Meuse	2
Aveyron	3	Morbihan	3
Bouches-du-Rhône	3	Moselle	3
Calvados	4	Nièvre	2
Cantal	2	Nord	8
Charente	3	Oise	3
Charente-Inférieure	4	Orne	3
Cher	2	Pas-de-Calais	5
Corrèze	2	Puy-de-Dôme	5
Corse	1	Pyrénées (Basses-)	3
Côte-d'Or	3	Pyrénées (Hautes-)	2
Côtes-du-Nord	5	Pyrénées (Orientales)	1
Creuse	2	Rhin (Bas)	4
Dordogne	4	Rhin (Haut-)	3
Doubs	2	Rhône	4
Drôme	3	Saône (Haute-)	3
Eure	3	Saône-et-Loire	4
Eure-et-Loir	2	Sarthe	4
Finistère	4	Seine	9
Gard	3	Seine-Inférieure	6
Garonne (Haute-)	4	Seine-et-Marne	3
Gers	3	Seine-et-Oise	4
Gironde	5	Sèvres (Deux-)	2
Hérault	3	Somme	5
Ille-et-Vilaine	4	Tarn	3
Indre	2	Tarn-et-Garonne	2
Indre-et-Loire	3	Var	3
Isère	4	Vaucluse	2
Jura	2	Vendée	3
Landes	2	Vienne	2
Loir-et-Cher	2	Vienne (Haute-)	3
Loire	3	Vosges	2
Loire (Haute-)	2	Yonne	3
Loire-Inférieure	4		
Loiret	2	TOTAL	264

49. Les officiers généraux placés dans le cadre de réserve peuvent être nommés membres du corps législatif. Ils sont réputés démission-

Décret réglementaire pour l'élection au Corps législatif.

AU NOM DU PEUPLE FRANÇAIS.

Louis-Napoléon, Président de la République;

Vu l'article 6 de la Constitution;

Vu les articles 18, 19 et 56 du décret organique pour l'élection des représentants;

Sur le rapport du ministre secrétaire d'État au département de l'intérieur,

Décrète :

TITRE Ier.

Révision annuelle des Listes électorales.

Art. 1er. La révision annuelle des listes électorales s'opère conformément aux règles qui suivent :

Du 1er au 10 janvier de chaque année, le maire de chaque commune ajoute à la liste les citoyens qu'il reconnaît avoir acquis les qualités exigées par la loi, ceux qui acquerront les conditions d'âge et d'habitation avant le 1er avril et ceux qui auraient été précédemment omis.

Il en retranche :

1° Les individus décédés;

2° Ceux dont la radiation a été ordonnée par l'autorité compétente;

3° Ceux qui ont perdu les qualités requises par la loi;

4° Ceux qu'il reconnaît avoir été indûment inscrits, quoique leur inscription n'ait point été attaquée. Il tient un registre de toutes ces décisions et y mentionne les motifs et les pièces à l'appui.

Art. 2. Le tableau contenant les additions et retranchements faits par le maire à la liste électorale est déposé au plus tard le 15 janvier au secrétariat de la commune.

Ce tableau sera communiqué à tout requérant, qui pourra le recopier et le reproduire par la voie de l'impression. Le jour même de ce dépôt, avis en sera donné par affiches aux lieux accoutumés.

Art. 3. Une copie du tableau et du procès-verbal constatant l'accomplissement des formalités prescrites par l'article précédent sera en même temps transmise au sous-préfet de l'arrondissement qui l'adressera, dans les deux jours, avec ses observations, au préfet du département.

Art. 4. Si le préfet estime que les formalités et les délais prescrits par la loi n'ont pas été observés, il devra, dans les deux jours de la réception du tableau, déférer les opérations du maire au conseil de préfecture du département, qui statuera dans les trois jours et fixera, s'il y a lieu, le délai dans lequel les opérations annulées devront être refaites.

Art. 5. Les demandes en inscription ou en radiation devront être formées dans les dix jours à compter de la publication des listes.

Art. 6. Le juge de paix donnera avis des infirmations par lui prononcées au préfet et au maire dans les trois jours de la décision.

Art. 7. Le 31 mars de chaque année, le maire opère toutes les rectifications régulièrement ordonnées, transmet au préfet le tableau de ces rectifications et arrête définitivement la liste électorale de la commune.

La minute de la liste électorale reste déposée au secrétariat de la commune; le tableau rectificatif transmis au préfet reste déposé avec la copie de la liste électorale au secrétariat général du département.

naires s'ils sont employés activement, conformément à l'art. 3 du décret du 1er décembre 1852, et à l'art. 3 de la loi du 4 août 1839. (*Ib.*, art. 15.)

Communication en doit toujours être donnée aux citoyens qui la demandent.

Art. 8. La liste électorale reste jusqu'au 31 mars de l'année suivante, telle qu'elle a été arrêtée, sauf néanmoins les changements qui y auraient été ordonnés par décision du juge de paix, et sauf aussi la radiation des noms des électeurs décédés ou privés des droits civils et politiques par jugement ayant force de chose jugée.

TITRE II.
Des Colléges électoraux.

Art. 9. Les colléges électoraux devront être réunis, autant que possible, un dimanche ou un jour férié.

Art. 10. Les colléges électoraux ne peuvent s'occuper que de l'élection pour laquelle ils sont réunis.

Toutes discussions, toutes délibérations leur sont interdites.

Art. 11. Le président du collége ou de la section a seul la police de l'assemblée.

Nulle force armée ne peut, sans son autorisation, être placée dans la salle des séances, ni aux abords du lieu où se tient l'assemblée.

Les autorités civiles et commandants militaires sont tenus de déférer à ses réquisitions.

Art. 12. Le bureau de chaque collége ou section est composé d'un président, de quatre assesseurs et d'un secrétaire choisi par eux parmi les électeurs.

Dans les délibérations du bureau, le secrétaire n'a que voix consultative.

Art. 13. Les colléges et sections sont présidés par les maires, adjoints et conseillers municipaux de la commune; à leur défaut, les présidents sont désignés par le maire parmi les électeurs sachant lire et écrire.

A Paris, les sections sont présidées dans chaque arrondissement, par le maire, les adjoints ou les électeurs désignés par eux.

Art. 14. Les assesseurs sont pris, suivant l'ordre du tableau parmi les conseillers municipaux sachant lire et écrire; à leur défaut, les assesseurs sont les deux plus âgés et les deux plus jeunes électeurs présents sachant lire et écrire.

A Paris, les fonctions d'assesseurs sont remplies dans chaque section par les deux plus âgés et les deux plus jeunes électeurs sachant lire et écrire.

Art. 15. Trois membres du bureau au moins doivent être présents pendant tout le cours des opérations du collége.

Art. 16. Le bureau prononce provisoirement sur les difficultés qui s'élèvent touchant les opérations du collége ou de la section.

Ses décisions sont motivées.

Toutes les réclamations et décisions sont inscrites au procès-verbal; les pièces ou bulletins qui s'y rapportent y sont annexés, après avoir été paraphés par le bureau.

Art. 17. Pendant toute la durée des opérations électorales, une copie officielle de la liste des électeurs, contenant les noms, domicile et qualification de chacun des inscrits, reste déposée sur la table autour de laquelle siége le bureau.

Art. 18. Tout électeur inscrit sur cette liste a le droit de prendre part au vote.

Néanmoins, ce droit est suspendu pour les détenus, pour les accusés contumaces, et pour les personnes non interdites, mais retenues, en vertu de la loi du 30 juin 1838, dans un établissement public d'aliénés.

Art. 19. Nul ne peut être admis à voter s'il n'est inscrit sur la liste.

Toutefois, seront admis au vote, quoique non inscrits, les citoyens porteurs d'une décision du juge de paix ordonnant leur inscription, ou d'un arrêt de la cour de cassation annulant un jugement qui aurait prononcé une radiation.

5o. Les sessions ordinaires du corps législatif durent trois mois ; ses séances sont publiques ; mais la demande de cinq membres suffit pour qu'il se forme en comité secret. (Const., art. 41.)

Art. 20. Nul électeur ne peut entrer dans le collége électoral s'il est porteur d'armes quelconques.

Art. 21. Les électeurs sont appelés successivement par ordre alphabétique.

Ils apportent leurs bulletins préparés en dehors de l'assemblée.

Le papier du bulletin doit être blanc et sans signes extérieurs.

Art. 22. A l'appel de son nom, l'électeur remet au président son bulletin fermé.

Le président le dépose dans la boîte du scrutin, laquelle doit, avant le commencement du vote, avoir été fermée à deux serrures, dont les clefs restent, l'une entre les mains du président, l'autre entre celles du scrutateur le plus âgé.

Art. 23. Le vote de chaque électeur est constaté par la signature ou le paraphe de l'un des membres du bureau, apposé sur la liste, en marge du nom du votant.

Art. 24. L'appel étant terminé, il est procédé au réappel de tous ceux qui n'ont pas voté.

Art. 25. Le scrutin reste ouvert pendant deux jours : le premier jour, depuis huit heures du matin jusqu'à six heures du soir, et le second jour, depuis huit heures du matin jusqu'à quatre heures du soir.

Art. 26. Les boîtes du scrutin sont scellées et déposées pendant la nuit au secrétariat ou dans la salle de la mairie.

Les scellés sont également apposés sur les ouvertures de la salle où les boîtes ont été déposées.

Art. 27. Après la clôture du scrutin, il est procédé au dépouillement de la manière suivante :

La boîte du scrutin est ouverte et le nombre des bulletins vérifié.

Si ce nombre est plus grand ou moindre que celui des votants, il en est fait mention au procès-verbal.

Le bureau désigne parmi les électeurs présents un certain nombre de scrutateurs sachant lire et écrire, lesquels se divisent par tables de quatre au moins.

Le président répartit entre les diverses tables les bulletins à vérifier.

A chaque table, l'un des scrutateurs lit chaque bulletin à haute voix et le passe à un autre scrutateur; les noms portés sur les bulletins sont relevés sur deux listes préparées à cet effet.

Art. 28. Le président et les membres du bureau surveillent l'opération du dépouillement.

Néanmoins, dans les colléges ou sections où il se sera présenté moins de trois cents votants, le bureau pourra procéder lui-même, et sans l'intervention de scrutateurs supplémentaires, au dépouillement du scrutin.

Art. 29. Les tables sur lesquelles s'opère le dépouillement du scrutin sont disposées de telle sorte que les électeurs puissent circuler à l'entour.

Art. 30. Les bulletins blancs, ceux ne contenant pas une désignation suffisante, ou dans lesquels les votants se font connaître, n'entrent point en compte dans le résultat du dépouillement, mais ils sont annexés au procès-verbal.

Art. 31. Immédiatement après le dépouillement, le résultat du scrutin est rendu public, et les bulletins autres que ceux qui, conformément aux articles 16 et 30, doivent être annexés au procès-verbal, sont brûlés en présence des électeurs.

Art. 32. Pour les colléges divisés en plusieurs sections, le dépouillement du scrutin se fait dans chaque section. Le résultat est immédiatement arrêté et signé par le bureau; il est ensuite porté par le président au bureau de la première section, qui, en présence des

51. Le compte-rendu des séances du corps législatif par les journaux ou tout autre moyen de publication ne consistera que dans la reproduction du procès-verbal dressé à l'issue de chaque séance par les soins du président du corps législatif. (*Ibid.*, art. 42.)

52. Le compte-rendu, prescrit par l'article précédent est soumis, avant sa publication, à une commission composée du président du corps législatif et du président de chaque bureau. En cas de partage d'opinions, la voix du président du corps législatif est prépondérante.

Le procès-verbal de la séance, lu à l'assemblée, constate seulement les opérations et le vote du corps législatif. (*Ibid.*, art. 13.)

53. Le président et les vice-présidents du corps législatif sont nommés par l'Empereur pour un an ; ils sont choisis parmi les députés. Le traitement du président du corps législatif est fixé par un décret. (*Ib.*, art. 43.)

54. Les ministres ne peuvent être membres du corps législatif. (*Ib.*, art. 44.)

55. Le droit de pétition s'exerce auprès du sénat. Aucune pétition ne peut être adressée au corps législatif. (*Ibid.*, art. 45.)

56. L'Empereur convoque, ajourne, proroge et dissout le corps législatif. En cas de dissolution, l'Empereur doit en convoquer un nouveau dans le délai de six mois. (*Ibid.*, art. 46.)

---

présidents des autres sections, opère le recensement général des votes et en proclame le résultat.

Art. 33. Les procès-verbaux des opérations électorales de chaque commune sont rédigés en double.

L'un de ces doubles reste déposé au secrétariat de la mairie; l'autre double est transmis au sous-préfet de l'arrondissement, qui le fait parvenir au préfet du département.

Art. 34. Le recensement général des votes, pour chaque circonscription électorale, se fait au chef-lieu du département, en séance publique.

Il est opéré par une commission composée de trois membres du conseil général.

A Paris, le recensement est fait par une commission de cinq membres du conseil général, désignée par le préfet de la Seine.

Cette opération est constatée par un procès-verbal.

Art. 35. Le recencement général des votes étant terminé, le président de la commission en fait connaître le résultat.

Il proclame député au corps législatif celui des candidats qui a satisfait aux deux conditions exigées par l'article 6 du décret organique.

Art. 36. Si aucun des candidats n'a obtenu la majorité absolue des suffrages, et le vote en sa faveur du quart au moins des électeurs inscrits, l'élection est continuée au deuxième dimanche qui suit le jour de la proclamation du résultat du scrutin.

Art. 37. Aussitôt après la proclamation du résultat des opérations électorales, les procès-verbaux et les pièces y annexées sont transmis, par les soins des préfets et l'intermédiaire du ministre de l'intérieur, au corps législatif.

Fait au palais des Tuileries, le 2 février 1852.

LOUIS-NAPOLÉON.

Le ministre de l'Intérieur,
F. DE PERSIGNY.

TITRE VI.
Du Conseil d'État.

57. Le nombre des conseillers d'état en service ordinaire est de quarante à cinquante (1). (*Ibid.*, art. 47.)

---

(1) **Loi du 25 Janvier 1852 sur le conseil d'État.**

TITRE 1er.

Formation et composition du conseil d'État.

Art. 1er. Le conseil d'État, sous la direction de l'Empereur, rédige les projets de loi et en soutient la discussion devant le corps législatif.

Il propose les décrets qui statuent, 1° sur les affaires administratives dont l'examen lui est déféré par des dispositions législatives ou réglementaires; 2° sur le contentieux administratif; 3° sur les conflits d'attributions entre l'autorité administrative et l'autorité judiciaire. Il est nécessairement appelé à donner son avis sur tous les décrets portant règlement d'administration publique ou qui doivent être rendus dans la forme de ces règlements.

Il connaît des affaires de haute police administrative à l'égard des fonctionnaires dont les actes sont déférés à sa connaissance par l'Empereur.

Enfin il donne son avis sur toutes les questions qui lui sont soumises par l'Empereur ou par les ministres.

Art. 2. Le conseil d'État est composé :

1° D'un vice-président du conseil d'État, nommé par l'Empereur ;

2° De quarante à cinquante conseillers d'État en service ordinaire ;

3° De conseillers d'État en service ordinaire hors sections, dont le nombre ne pourra excéder celui de quinze ;

4° De conseillers d'État en service extraordinaire dont le nombre ne pourra s'élever au-delà de vingt ;

5° De quarante maîtres des requêtes divisés en deux classes de vingt chacune ;

6° De quarante auditeurs divisés en deux classes de vingt chacune.

Un secrétaire général ayant titre et rang de maître des requêtes est attaché au conseil d'État.

Art. 3. Les ministres ont rang, séance et voix délibérative au conseil d'État.

Art. 4. L'Empereur nomme et révoque les membres du conseil d'État.

Art. 5. Le conseil d'État est présidé par l'Empereur, ou, en son absence, par le vice-président du conseil d'État. Celui-ci préside également, lorsqu'il le juge convenable, les différentes sections administratives, et l'assemblée du conseil d'État délibérant au contentieux.

Art. 6. Les conseillers d'État en service ordinaire et les maîtres des requêtes ne peuvent être sénateurs ni députés au corps législatif; leurs fonctions sont incompatibles avec toute autre fonction publique salariée; néanmoins les officiers généraux de l'armée de terre et de mer peuvent être conseillers d'État en service ordinaire.

Dans ce cas, ils sont, pendant toute la durée de leurs fonctions, considérés comme étant en mission hors cadre, et ils conservent leurs droits à l'ancienneté.

Art. 7. Les conseillers d'État en service ordinaire hors sections, sont choisis parmi les personnes qui remplissent de hautes fonctions publiques.

Ils prennent part aux délibérations de l'assemblée générale du conseil d'État et y ont voix délibérative;

Ils ne reçoivent comme conseillers d'État aucun traitement ou indemnité.

58. Les conseillers d'état sont nommés par l'Empereur, et révocables par lui. (*Ibid.*, art. 48.)

Art. 8. L'empereur peut conférer le titre de conseiller d'État en service extraordinaire aux conseillers d'État en service ordinaire ou hors sections qui cessent de remplir ces fonctions.

Art. 9. Les conseillers d'État en service extraordinaire assistent et ont voix délibérative à celles des assemblées générales du conseil d'État auxquelles ils ont été convoqués par un ordre spécial de l'Empereur.

TITRE II.

Formes de procéder.

§ Ier.

Art. 10. Le conseil d'État est divisé en six sections, savoir :

Section de législation, justice et affaires étrangères;

Section du contentieux;

Section de l'intérieur, de l'instruction publique et des cultes;

Section des travaux publics, de l'agriculture et du commerce;

Section de la guerre et de la marine;

Section des finances.

Cette division pourra être modifiée par un décret du pouvoir exécutif.

Art. 11. Chaque section est présidée par un conseiller d'État en service ordinaire nommé par l'Empereur, président de section.

Art. 12. Les délibérations du conseil d'État sont prises en assemblée générale et à la majorité des voix, sur le rapport fait par les conseillers d'État pour les projets de loi et les affaires les plus importantes, et par les maîtres des requêtes pour les autres affaires.

Les maîtres des requêtes et les auditeurs de 1re classe assistent à l'assemblée générale. Néanmoins, les auditeurs de 1re classe ne peuvent assister qu'en vertu d'une autorisation spéciale aux assemblées générales, présidées par l'Empereur.

Les maîtres des requêtes ont voix consultative dans toutes les affaires, et voix délibérative dans celles dont ils font le rapport.

Art. 13. Le conseil d'État ne peut délibérer qu'au nombre de vingt membres ayant voix délibérative, non compris les ministres.

En cas de partage, la voix du président est prépondérante.

Art. 14. Les décrets rendus après délibération de l'assemblée générale du conseil d'État mentionnent seuls : *Le conseil d'État entendu.*

Les décrets rendus après délibération d'une ou de plusieurs sections indiquent les sections qui ont été entendues.

Art. 15. L'Empereur désigne trois conseillers d'État pour soutenir la discussion de chaque projet de loi présenté au corps législatif ou au sénat.

L'un de ces conseillers peut être pris parmi les conseillers en service ordinaire, hors sections.

Art. 16. Seront observées, à l'égard des fonctionnaires publics dont la conduite sera déférée au conseil d'État, les dispositions du décret du 11 juin 1806.

§ II. — *Matières Contentieuses.*

Art. 17. La section du contentieux est chargée de diriger l'instruction écrite et de préparer le rapport de toutes les affaires contentieuses ainsi que des conflits d'attributions entre l'autorité administrative et l'autorité judiciaire.

59. Le conseil d'état est présidé par l'Empereur, et, en son absence, par la personne qu'il désigne comme vice-président du conseil d'état. (*Ibid.*, art. 4.)

Elle est composée de six conseillers d'État, y compris le président, et du nombre de maîtres des requêtes et d'auditeurs déterminé par le règlement.

Elle ne peut délibérer si quatre au moins de ses membres ayant voix délibérative ne sont présents.

Les maîtres des requêtes ont voix consultative dans toutes les affaires, et voix délibérative dans celles dont ils sont rapporteurs.

Les auditeurs ont voix consultative dans les affaires dont ils font le rapport.

Art. 18. Trois maîtres des requêtes sont désignés par le président de la République pour remplir au contentieux administratif les fonctions de commissaires du gouvernement.

Ils assistent aux délibérations de la section du contentieux.

Art. 19. Le rapport des affaires est fait au nom de la section, en séance publique de l'assemblée du conseil d'État délibérant au contentieux.

Cette assemblée se compose : 1° des membres de la section; 2° de dix conseillers désignés par le président de la République, et pris en égal nombre dans chacune des autres sections. Ils sont, tous les deux ans, renouvelés par moitié.

Cette assemblée est présidée par le président de la section du contentieux.

Art. 20. Après le rapport, les avocats des parties sont admis à présenter des observations orales.

Le commissaire du gouvernement donne ses conclusions dans chaque affaire.

Art. 21. Les affaires pour lesquelles il n'y a pas eu constitution d'avocat ne sont portées en séance publique que si ce renvoi est demandé par l'un des conseillers d'État de la section ou par le commissaire du gouvernement, auquel elles sont préalablement communiquées, et qui donne ses conclusions.

Art. 22. Les membres du conseil d'État ne peuvent participer aux délibérations relatives aux recours dirigés contre la décision d'un ministre lorsque cette décision a été préparée par une délibération de la section à laquelle ils ont pris part.

Art. 23. Le conseil d'État ne peut délibérer au contentieux, si onze membres au moins, ayant voix délibérative, ne sont présents. En cas de partage, la voix du président est prépondérante.

Art. 24. La délibération n'est pas publique.

Le projet de décret est transcrit sur le procès-verbal des délibérations qui fait mention des noms des membres présents ayant délibéré.

L'expédition du projet est signée par le président de la section du contentieux et remise par le vice-président du conseil d'État au président de la République.

Le décret qui intervient est contre-signé par le garde des sceaux, ministre de la justice.

Si ce décret n'est pas conforme au projet proposé par le conseil d'État, il est inséré au *Moniteur* et au *Bulletin des Lois*.

Dans tous tous les cas, le décret est lu en séance publique.

Dispositions générales.

Art. 25. Les traitements sont fixés ainsi qu'il suit :

Le vice-président du conseil d'État, quatre-vingt mille francs;

Les présidents de section, trente-cinq mille francs;

Les conseillers d'État, vingt-cinq mille francs;

60. Le conseil d'état est chargé, sous la direction de l'Empereur, de rédiger les projets de loi et les règlements d'administration publique, et de résoudre les difficultés qui s'élèvent en matière d'administration. (*Ibid.*, art. 5o.)

Les maîtres des requêtes de 1re classe, dix mille francs ;

Les maîtres des requêtes de 2e classe, six mille francs ;

Les auditeurs de 1re classe, deux mille francs ;

Le secrétaire général du conseil d'État, quinze mille francs ;

Les auditeurs de 2e classe ne reçoivent aucun traitement.

Art. 26. Un décret déterminera l'ordre intérieur des travaux du conseil, la répartition des affaires entre les sections, les affaires administratives qui doivent être portées à l'assemblée générale du conseil d'État, et celles qui peuvent n'être soumises qu'aux sections ; la répartition et le roulement des membres du conseil entre les sections ; enfin toutes les mesures d'exécution non prévues au présent décret.

Art. 27. La loi du 3 mars 1849 est abrogée. Toutes les dispositions des lois et règlements antérieurs qui ne sont pas contraires au présent décret sont maintenues.

Décret portant règlement intérieur pour le conseil d'État.

Louis-Napoléon,

Sur la proposition du ministre d'État,

Vu l'art. 26 du décret du 25 de ce mois, portant qu'un décret déterminera l'ordre intérieur des travaux du conseil d'État, la répartition des affaires entre les sections, les affaires qui doivent être portées à l'assemblée générale du conseil d'État et celles qui peuvent n'être soumises qu'aux sections,

Décrète :

TITRE Ier.

Des sections.

Art. 1er. Il est tenu dans chaque section deux rôles sur lesquels sont inscrites, d'après leur ordre de date, toutes les affaires, l'un pour les affaires urgentes, l'autre pour les affaires ordinaires.

Le président de la section nomme un rapporteur pour chaque affaire ; néanmoins cette désignation peut être faite par le vice-président du conseil d'État.

Le président de la section désigne celles des affaires qui sont réputées urgentes soit par leur nature, soit par les circonstances spéciales.

Le président de la section du contentieux distribue également les affaires entre les trois maîtres des requêtes qui remplissent les fonctions du ministère public.

Art. 2. La date de la distribution des affaires avec l'indication de leur nature, est inscrite sur un registre particulier qui reste à la disposition du président de la section pendant la séance.

Art. 3. Les rapporteurs doivent présenter leurs rapports dans le délai le plus bref et dans l'ordre déterminé par le président de la section. Les affaires portées au rôle comme urgentes sont toujours à l'ordre du jour ; et si l'instruction est terminée, le rapport doit être prêt au plus tard à la deuxième séance qui suit l'envoi des pièces.

Lorsqu'une affaire exige un supplément d'instruction, le rapporteur doit en entretenir la section au commencement de la première séance qui suit la remise du dossier entre ses mains ; après la décision de la section, il prépare la correspondance et remet son travail au secrétaire de la section, chargé de faire expédier.

La correspondance avec les ministres est signée par le président de la section ; en ma-

61. Il soutient, au nom du gouvernement, la discussion des projets de loi devant le sénat et le corps législatif.

---

tière contentieuse, ainsi que pour les conflits, les actes d'instruction et les *soit communiqué* aux parties, sont signés par le président de la section du contentieux.

Art. 4. Le secrétaire de chaque section tient note sur un registre spécial des affaires délibérées à chaque séance, et de la décision prise par la section. Il y fait mention de tous les membres présents. Le secrétaire de la section du contentieux remplit également les fonctions de secrétaire à la séance publique du conseil d'État, délibérant au contentieux, conformément à l'article 19 du décret du 26 janvier.

Art. 5. Dans le cas de réunion de plusieurs sections, les lettres de convocation contiennent la notice des affaires qui doivent y être traitées. Le vice-président du conseil d'État préside les diverses réunions de sections. En son absence, la réunion est présidée par le président de la section qu'il désigne.

Art. 6. Aucune section ne peut délibérer si trois conseillers d'État au moins ne sont présents.

En l'absence du président de la section, la présidence appartient au plus ancien, ou, à défaut d'ancienneté, au plus âgé des conseillers d'État présents.

Art. 7. Les diverses sections administratives sont chargées de l'examen des affaires afférentes aux divers départements ministériels auxquels elles correspondent.

Elles sont également chargées, sur le renvoi du Président de la République, de rédiger les projets de loi qui se rapportent aux matières rentrant dans les attributions de ce département.

Le vice-président du conseil d'État peut toujours réunir la section de législation à telle autre section spécialement chargée de la préparation d'une loi ou d'un règlement d'administration publique.

Art. 8. En outre des affaires qui lui sont déférées, la section de législation, de justice et des affaires étrangères est chargée de l'examen des affaires relatives :

1° A l'autorisation des poursuites intentées contre les agents du Gouvernement ;

2° Aux prises maritimes.

Art. 9. Toutes les liquidations de pension sont revisées par la section des finances.

Cette section fait à l'assemblée générale le rapport des projets de règlements relatifs aux caisses de retraite des administrations publiques.

TITRE II.

De l'assemblée générale.

Art. 10. A l'assemblée générale, tout membre du conseil d'État doit être revêtu de son costume ; les conseillers d'État portent le petit uniforme.

Art. 11. En l'absence du Président de la République, le vice-président du conseil d'État dirige les débats et pose les questions à résoudre. A son défaut, l'assemblée générale est présidée par le président de section qu'il désigne pour le remplacer.

Nul ne peut prendre la parole sans l'avoir obtenue.

Les votes ont lieu par assis et levé ou par appel nominal.

Art. 12. Le procès-verbal contient les noms des conseillers d'État présents.

Les conseillers d'État et les maîtres de requêtes qui sont empêchés de se rendre à la séance, doivent en prévenir d'avance le vice-président du conseil d'État.

En cas d'urgence, les rapporteurs empêchés doivent, de l'agrément du président de la section, remettre l'affaire dont ils sont chargés à un de leurs collègues.

Art. 13. Sont portés à l'assemblée générale du conseil d'État :

Les projets de lois et les projets de règlements d'administration publique;

Les conseillers d'état chargés de porter la parole au nom du gouvernement sont désignés par l'Empereur. (*Ibid.*, art. 5ɪ.)

Les projets de décrets qui ont pour objet :

1° L'enregistrement des bulles et autres actes du saint-siége;

2° Les recours pour abus ;

3° Les autorisations de congrégations religieuses et la vérification de leurs statuts;

4° Les prises maritimes ;

5° Les concessions de portions du domaine de l'État, et les concessions de mines, soit en France, soit en Algérie;

6° L'autorisation ou la création d'établissements d'utilité publique fondés par les départements, les communes ou les particuliers;

7° L'établissement des routes départementales, des canaux et chemins de fer d'embranchement qui peuvent être autorisés par décrets du pouvoir exécutif;

8° La concession de dessèchements;

9° La création de tribunaux de commerce et de conseils de prud'hommes, la prorogation des chambres temporaires dans les cours et tribunaux;

10° L'autorisation des poursuites intentées contre les agents du Gouvernement;

11° Les naturalisations, révocations et modifications des autorisations accordées à des étrangers d'établir leur domicile en France ;

12° L'autorisation aux établissements d'utilité publique, aux établisssements ecclésiastiques, aux congrégations religieuses, aux communes et départements, d'accepter des dons et legs dont la valeur excéderait 50,000 fr.;

13° Les autorisations de sociétés anonymes, tontines, comptoirs d'escompte et autres établissements de même nature ;

14° L'établissement de ponts avec ou sans péage;

15° Le classement des établissements dangereux, incommodes ou insalubres ; la suppression de ces établissements dans les cas prévus par le décret du 15 octobre 1810;

16° Les tarifs des droits d'inhumation dans les communes de plus de 50,000 ames;

17° Les établissements ou suppressions de tarif d'octroi et les modifications à ces tarifs ;

18° L'établissement de droits de voirie dans les communes de plus de 25,000 ames ;

19° Les caisses de retraites des administrations publiques départementales ou communales ;

20° Les diverses affaires qui, n'étant pas désignées dans le présent article, sont, après examen par une section, renvoyées à l'assemblée générale par ordre du président de la République;

21° Enfin les affaires qu'à raison de leur importance, les présidents de sections, d'office ou sur la demandé de la section, croient devoir renvoyer à l'examen de ladite assemblée, ainsi que celles sur lesquelles le Gouvernement demande qu'elle soit appelée à délibérer.

Art. 14. Il est dressé, par le secrétaire général, pour chaque séance, un rôle des affaires qui doivent être délibérées en assemblée générale.

Ce rôle est divisé en deux parties, sous les noms de *grand ordre* et *petit ordre*.

Il mentionne le nom du rapporteur, contient la notice de chaque affaire.

Cette notice est rédigée par le rapporteur, communiquée au président de la section au nom de laquelle le rapport doit être fait, et transmise immédiatement au secrétaire général du conseil d'État par le secrétaire de la section.

Art. 15. Le rôle du *grand ordre* comprend :

1° Les projets de lois et de règlements d'administration publique ;

62. Le traitement de chaque conseiller d'état est de vingt-cinq mille francs. (*Ibid.*, art. 52.)

2° Les affaires désignées dans les n°s 1, 2, 3, 4, 5, 6, 7, 8, 9, 10, 11, 12 et 13 de l'art 13 ;

3° Les affaires qui, après examen fait par une section, sont renvoyées à l'assemblée générale par ordre du président de la République;

4° Les affaires comprises au n° 21 de l'art. 13, lorsque le président de la section ou le Gouvernement demandent qu'elles soient inscrites sur le rôle du *grand ordre;*

5° Les affaires du *petit ordre* pourront également, sur la demande du président d'une section, être portées au *grand ordre.*

Le rôle du *petit ordre* comprend toutes les autres affaires portées à l'assemblée générale.

Art. 16. Le rôle du *grand ordre* est imprimé et adressé aux conseillers d'État, aux maîtres des requêtes et aux auditeurs, deux jours au moins avant la séance.

Sont imprimés et distribués en même temps que le rôle du grand ordre, s'ils n'ont pu l'être antérieurement, les projets de lois et de règlements d'administration publique rédigés par les sections, les amendements et avis proposés par les sections, enfin les documents à l'appui desdits projets dont l'impression aura été jugée nécessaire par les sections.

Les documents non imprimés sont déposés au secrétariat général du conseil d'État le jour où a lieu la distribution du rôle et des impressions. Ils y sont tenus à la disposition des membres du conseil.

Il n'est dérogé aux règles qui précèdent que dans les cas d'urgence.

TITRE III.

Du conseil d'État délibérant au contentieux.

Art. 17. Le rôle de chaque séance publique du conseil d'État est proposé par le commissaire du Gouvernement chargé de porter la parole dans la séance; il est arrêté par le président.

Ce rôle imprimé et contenant sur chaque affaire une notice sommaire rédigée par le rapporteur, est distribué quatre jours au moins avant la séance à tous les conseillers d'État *de service au conseil délibérant au contentieux,* ainsi qu'aux maîtres des requêtes et auditeurs de la section du contentieux.

Il est également remis aux avocats dont les affaires doivent être appelées.

Art. 18. Les membres du conseil d'État doivent se rendre à la séance publique à l'heure indiquée par le rôle et en costume.

Le secrétaire tient note des conseillers d'État présents et dont les noms doivent être inscrits au bas du décret à la délibération duquel ils ont pris part.

Art. 19. Tous les rapports au contentieux sont faits par écrit.

Les questions posées par les rapports sont communiquées, sans déplacement, aux avocats des parties quatre jours avant la séance.

Sont applicables à la tenue des séances publiques du conseil d'État les dispositons des art. 88 et suivants du code de procédure civile.

Art. 20. Le procès-verbal des séances mentionne l'accomplissement des dispositions des art. 17, 18, 19, 20, 21, 22, 23 et 24 du décret organique du 26 janvier.

Dans le cas où ces dispositions n'ont pas été observées, le décret qui intervient peut être l'objet d'un recours en révision, lequel est introduit dans les formes de l'art. 33 du règlement du 22 juillet 1806.

63. Les ministres ont rang, séance et voix délibérative au conseil d'état. (*Ibid.*, art. 53.)

TITRE VII.

De la Haute Cour de Justice.

64. Une haute cour de justice juge, sans appel ni recours en cassation, toutes personnes qui auront été renvoyées devant elle comme prévenues de crimes, attentats ou complots contre l'Empereur, et contre la sûreté intérieure ou extérieure de l'état.

Elle ne peut être saisie qu'en vertu d'un décret de l'Empereur. (*Ib.*, art. 54.)

65. Un sénatus-consulte déterminera l'organisation de cette haute cour (1). (*Ibid.*, art. 55.)

Art. 21. Les décrets rendus après délibération du conseil d'État délibérant au contentieux, portent :

Le conseil d'État au contentieux entendu...

Les décrets rendus après délibération de la section du contentieux, conformément aux dispositions de l'art. 21, mentionnent que la section a été entendue.

Au commencement de chaque séance, le secrétaire lit les décrets délibérés dans les séances précédentes et approuvés par le Président de la République. Ils sont déposés au secrétariat général, où les avocats et les parties sont admis à en prendre communication sans déplacement.

Dispositions générales.

Art. 22. Le vice-président du conseil d'État nomme et révoque tous les employés du conseil d'état. Ceux qui font partie du secrétariat sont nommés sur la proposition du secrétaire général.

Art. 23. Le secrétaire général signe seul et certifie les expéditions des actes, décrets, avis du conseil d'État délivrés aux personnes qui ont qualité pour les réclamer.

Art. 24. La bibliothèque du conseil d'État est placée sous la direction du vice-président du conseil d'État.

Art. 25. Sont maintenues les dispositions des décrets, ordonnances ou règlements antérieurs qui ne sont pas contraires au présent décret.

Art. 26. Le ministre d'État est chargé de l'exécution du présent décret.

Fait au palais des Tuileries, le 30 janvier 1852.

LOUIS-NAPOLÉON.

---

(1) Sénatus-consulte du 5 juillet 1852 pour l'organisation de la haute cour de justice.

TITRE Ier.

Composition de la Haute Cour.

Art 1er. La haute cour de justice créée par l'art. 54 de la constitution se compose : 1° d'une chambre des mises en accusation et d'une chambre de jugement formées de juges pris parmi les membres de la cour de cassation; 2° d'un haut jury pris parmi les membres des conseils généraux des départements.

Art. 2. Chaque chambre est composée de cinq juges et deux suppléants.

Art. 3. Les juges et suppléants de chaque chambre sont nommés tous les ans, dans la première quinzaine du mois de novembre, par le président de la République.

TITRE VIII.

Dispositions générales et transitoires.

66. Les dispositions des codes, lois et règlements existants, qui ne sont pas contraires à la présente constitution, restent en vigueur jusqu'à ce qu'il y soit légalement dérogé. (*Ibid.*, art. 56.)

Néanmoins les chambres de la haute cour de justice restent saisies, au-delà du terme d'un an fixé pour leurs pouvoirs, de l'instruction et du jugement des affaires qui leur ont été respectivement déférées.

Art. 4. En cas de vacance par démission ou décès de l'un des juges, le magistrat nommé en remplacement demeure en fonctions jusqu'au terme fixé pour l'expiration des pouvoirs de son prédécesseur.

Art. 5. Le décret du président de la République qui saisit la haute cour désigne parmi les juges de chaque chambre celui qui doit la présider.

Le procureur général près la haute cour de justice et les autres magistrats du ministère public sont nommés pour chaque affaire par le décret du président de la République qui saisit la haute cour.

Art. 6. Le président de chaque chambre désigne un greffier, qui prête serment.

Les procédures et arrêts de la haute cour de justice sont déposés au greffe de la cour de cassation.

Art. 7. Le haut jury se compose de trente-six jurés titulaires et de quatre jurés suppléants.

TITRE II.

De l'Instruction.

Art. 8. L'officier du parquet qui recueille des indices sur l'existence de l'un des crimes désignés par l'art. 54 de la constitution, est tenu de transmettre directement, et dans le plus bref délai, au ministre de la justice, copie des procès-verbaux, dénonciations, plaintes et autres pièces à l'appui de l'accusation. Néanmoins l'instruction de l'affaire est continuée sans retard.

Art. 9. Si la chambre des mises en accusation d'une cour est appelée à statuer sur une affaire qui serait de la compétence de la haute cour, le procureur général est tenu de requérir un sursis et le renvoi des pièces au ministre de la justice; la chambre doit ordonner ce sursis, même d'office.

Art. 10. Dans le cas prévu par l'article précédent, les pièces sont transmises immédiatement au ministre de la justice. Si, dans les quinze jours, un décret du président de la République n'a pas saisi la haute cour, les pièces sont renvoyées au procureur général, et la cour d'appel statue conformément au code d'instruction criminelle.

La haute cour de justice peut toujours être saisie jusqu'à ce qu'il ait été statué par la cour.

Art. 11. Lorsqu'un décret du président de la République a saisi la haute cour de justice de la connaissance d'une affaire, la chambre des mises en accusation de la haute cour entre immédiatement en fonctions.

Art. 12. Sa juridiction s'étend sur tout le territoire de la République.

Elle procède selon les dispositions du code d'instruction criminelle.

Si le fait ne constitue pas un crime de la compétence de la haute cour, elle ordonne le renvoi devant le juge compétent qu'elle désigne.

Art. 13. Ses arrêts sont attributifs de juridiction et ne sont susceptibles d'aucun recours.

67. Une loi déterminera l'organisation municipale. Les maires seront nommés par le pouvoir exécutif, et pourront être pris hors du conseil municipal (1). (*Ibid.*, art. 57.)

Art. 14. Si la chambre des mises en accusation de la haute cour prononce le renvoi devant la chambre de jugement, le président de la République convoque cette chambre, fixe le lieu des séances et le jour de l'ouverture des débats.

Art. 15. Dans les dix jours qui suivent le décret de convocation, le premier président de la cour d'appel, et, à défaut de cour d'appel, le président du tribunal de première instance du chef-lieu judiciaire du département tire au sort, en audience publique, le nom de l'un des membres du conseil général.

Art. 16. Les fonctions de haut juré sont incompatibles avec celles de :

Ministre,

Sénateur,

Député au corps législatif,

Membre au conseil d'État.

Les incompatibilités, incapacités et excuses résultant des lois sur le jury sont applicables aux jurés près la haute cour.

TITRE III.

De l'examen et du jugement.

Art. 17. Les dispositions, formes et délais prescrits par le code d'instruction criminelle, non contraires à la constitution et à la présente loi, seront observés devant la haute cour.

Art. 18. Au jour indiqué pour le jugement, s'il y a moins de soixante jurés présents, ce nombre est complété par des jurés supplémentaires tirés au sort par le président de la haute cour parmi les membres du conseil général du département où elle siége.

Art. 19. Ne peut point faire partie du haut jury le membre du conseil général qui a rempli les mêmes fonctions depuis moins de deux ans.

Art. 20. Le haut juré absent sans excuse valable peut être condamné à une amende de 1,000 à 10,000 fr. et à la privation de ses droits politiques pendant un an au moins et cinq ans au plus.

Art. 21. Les accusés et le ministère public exercent le droit de récusation, conformément aux lois sur le jury.

Art. 22. La déclaration du haut jury portant que l'accusé est coupable, et la déclaration portant qu'il existe en faveur de l'accusé reconnu coupable des cirsconstances atténuantes, doivent être rendues à la majorité de plus de vingt voix.

Les peines seront prononcées conformément aux dispositions du code pénal.

TITRE IV.

Disposition Transitoire.

Art. 23. Les premières nominations des juges et suppléants de la haute cour de justice auront lieu dans la quinzaine de la promulgation du présent sénatus-consulte; elles seront renouvelées au mois de novembre prochain.

(1) Nous rapportons ici plusieurs lois importantes au point de vue administratif, et qui ont une grande influence sur l'ordre public. Ce sont 1° le décret sur les élections municipales et départementales; 2° celui sur la classification des préfectures et sous-préfectures; 3° le décret sur la décentralisation administrative; 4° celui sur la garde nationale; 5° celui sur les individus soumis à la surveillance; 6° celui sur les cafés et cabarets.

68. La présente constitution sera en vigueur à dater du jour où les grands corps de l'état qu'elle organise seront constitués.

1° *Loi du 7 juillet 1852 sur les Élections des conseils généraux et d'arrondissement, et sur celles des conseils municipaux.*

Art. 1er. Dans les quatre mois qui suivront la promulgation de la présente loi il sera procédé au renouvellement intégral des conseils généraux, des conseils d'arrondissement et des conseils municipaux, ainsi qu'à la nomination des maires et adjoints.

Art. 2. Jusqu'à la loi définitive qui doit régler l'organisation départementale et municipale, les élections auront lieu conformément aux lois existantes, sauf les modifications portées en la présente loi.

Art. 3. L'élection des membres des conseils généraux, des conseils d'arrondissement et des conseils municipaux, aura lieu par commune, sur les listes dressées pour l'élection des députés au corps législatif, conformément aux dispositions des décrets du 2 février 1852.

Le préfet pourra, par un arrêté, diviser en sections électorales les communes, quelle que soit leur population.

Pour l'élection des membres des conseils municipaux, il aura la faculté de fixer, par le même arrêté, le nombre des conseillers qui devront être nommés par chacune des sections.

Dans les communes qui comptent deux mille cinq cents ames et plus, le scrutin durera deux jours; il sera ouvert le samedi et clos le dimanche.

Dans les communes d'une population moindre, le scrutin ne durera qu'un jour; il sera ouvert et clos le dimanche.

Le recensement des votes pour l'élection des membres des conseils généraux et des conseils d'arrondissement sera fait au chef-lieu de canton.

Art. 4. Nul n'est élu membre desdits conseils au premier tour de scrutin, s'il n'a réuni :

1° La majorité absolue des suffrages exprimés ;

2° Un nombre de suffrages égal au quart de celui des électeurs inscrits.

Au second tour de scrutin, l'élection a lieu à la majorité relative, quel que soit le nombre des votants. Si plusieurs candidats obtiennent le même nombre de suffrages, l'élection est acquise au plus âgé.

Art. 5. Les présidents, vice-présidents et secrétaires sont nommés pour chaque session, et choisis parmi les membres du conseil, par le président de la République pour les conseils généraux, et par le préfet pour les conseils d'arrondissement.

Les séances des conseils généraux ne sont pas publiques.

Art. 6. La dissolution des conseils généraux et des conseils d'arrondissement peut-être prononcée par le président de la République. En ce cas, il est procédé à une nouvelle élection avant la session annuelle, et, au plus tard, dans le délai de trois mois à dater du jour de la dissolution.

Art. 7. Les maires et adjoints sont nommés par le président de la République dans les chefs-lieux de département et d'arrondissement, et dans les communes de trois mille ames et au-dessus.

Ils sont nommés par le préfet dans les autres communes.

Ils peuvent être suspendus par arreté du préfet.

Ils ne peuvent être révoqués que par un décret du président de la Républiqne.

Art. 8. Les adjoints peuvent être pris, comme les maires, en dehors du onseil municipal.

Les décrets rendus par le Président de la République à partir du 2 décembre jusqu'à cette époque (14 janvier 1852) auront force de loi. (*Ibid.*, art. 58.)

Le maire préside le conseil municipal ; il a voix prépondérante en cas de partage. Les mêmes droits appartiennent à l'adjoint qui le remplace.

Dans tout autre cas, les adjoints pris en dehors du conseil ont seulement droit d'y siéger avec voix consultative.

Art. 9. Les conseils municipaux peuvent être suspendus par le préfet ; leur dissolution ne peut être prononcée que par le président de la République.

En cas de dissolution, l'élection du nouveau conseil municipal a lieu dans le délai d'une année.

Art. 10. En cas de dissolution ou de suspension du conseil municipal, le préfet peut désigner soit une commission qui remplira les fonctions du conseil municipal, soit des citoyens pour assister le maire dans les actes administratifs, spéciaux et déterminés, pour lesquels la loi ou les règlements exigent le concours d'un ou de plusieurs conseillers municipaux.

Art. 11. Les membres des conseils généraux, des conseils d'arrondissement et des conseils municipaux, ainsi que les maires et adjoints actuellement en exercice, conserveront leurs fonctions jusqu'à l'installation de leurs successeurs élus ou nommés en exécution de la présente loi.

Art. 12. Il n'est pas dérogé aux dispositions des lois et décrets qui régissent spécialement le département de la Seine et la ville de Lyon.

2° *Loi du 27 mars, 1ᵉʳ mai 1852 sur la classification des préfectures et sous-préfectures.*

Art. 1ᵉʳ. Les traitements des préfets des départements sont divisés en trois classes et fixés conformément au tableau A ci-annexé. Dans la première classe le traitement des préfets est de 40,000 francs ; dans la seconde, de 30,000 francs ; dans la troisième de 20,000 fr.

Art. 2. Les préfets des départements compris dans la troisième classe pourront, après cinq ans de service dans la même classe, obtenir le traitement de la deuxième, sans qu'il soit nécessaire de les changer de résidence. Les préfets de la deuxième classe pourront aux mêmes conditions, obtenir le traitement de la première classe. Le préfet d'un département compris dans la première où deuxième classe pourra être appellé à une préfecture d'un rang inférieur, en conservant son traitement, pourvu qu'il en soit ainsi décidé par le décret qui changera sa résidence.

Art. 3. Le traitement du préfet de la Seine est fixé à 50,000 fr. ; celui du secrétaire général, à 10,000 fr. ; celui des conseillers de préfecture, à 8,000 fr. ; celui du secrétaire général de la préfecture du Rhône à 8,000 f. ; ·

Art. 4. Les traitements des sous-préfets sont divisés en trois classes et fixés conformément au tableau B ci-annexé. Dans la première classe le traitement de sous-préfet est de 8,000 fr. ; dans la seconde, de 6,000 fr., et dans la troisième, de 4,500 fr. Les Sous-Préfets compris dans la troisième classe pourront, après cinq ans de service dans la même classe, obtenir le traitement de la deuxième, sans qu'il soit nécessaire de les changer de résidence. Les sous-préfets de la deuxième classe pourront, aux mêmes conditions, obtenir le traitement de la première classe.

Art. 5. Les traitements des conseillers de Préfecture sont divisés en trois classes d'après le tableau C ci-annexé. Dans la première classe, le traitement est de 3,000 fr. dans la seconde de 2,000 fr. ; dans la troisième, de 1,600 fr. Après dix ans d'exercice, les conseillers de préfecture de la deuxième ou de la troisième classe pourront obtenir le traitement de la classe supérieure, sans qu'il soit nécessaire de les changer de résidence.

Art. 6. Les conseillers de préfecture faisant fonctions de secrétaires généraux toucheront, à ce dernier titre, une indemnité égale au quart de leur traitemement.

Art. 7. Les quatres cinquièmes des sommes allouées aux préfets pour frais d'administrations seront affectés aux traitements des employés de leurs bureaux.

Art. 8. Les traitements ci-dessus fixés courront à partir du 1er avril 1852.

Art. 9 Le ministre de l'intérieur est chargé etc.

Tableau A annexé au décret du 27 mars 1852 sur le traitement des Préfets.

Départements par classes de préfectures. — 1re classe. — Bouches-du-Rhône, Garonne (Haute), Gironde, Loire-Inférieure, Nord, Rhin (Bas), Rhône, Seine-Inférieure. — 2me classe. — Calvados, Côte-d'Or, Doubs, Gard, Hérault, Ille et Vilaine, Indre-et-Loire, Isère, Loiret, Maine-et-Loire, Meurthe, Moselle, Pas-de-Calais, Puy-de-Dôme, Seine-et-Oise, Somme, Vaucluse, Vienne (Haute). — 3me classe. — Ain, Aisne, Allier, Alpes (Basses), Alpes (Hautes), Ardèche, Ardennes, Ariége, Aube, Aude, Aveyron, Cantal, Charente, Charente-Inférieure, Cher, Corrèze, Corse, Côtes-du-Nord, Creuse, Dordogne, Drôme, Eure, Eure-et-Loir, Finistère, Gers, Indre, Jura, Landes, Loir-et-Cher, Loire, Loire (Haute), Lot, Lot-et-Garonne, Lozère, Manche, Marne, Marne (Haute), Mayenne, Meuse Morbihan, Nièvre, Oise, Orne, Pyrénées (Basses), Pyrénées (Hautes), Pyrénées (Orientales), Rhin (Haut), Saône (Haute), Saône-et-Loire, Sarthe, Seine-et-Marne, Sèvres (Deux), Tarn, Tarn-et-Garonne, Var, Vendée, Vienne, Vosges, Yonne.

*Tableau B annexé au décret du 27 mars sur les traitements des **Préfets** et Sous-Préfets.*

Sous-Préfecture. — 1re classe. — Abbeville, Aix, Alais, Arles, Bayonne, Beziers, Boulogne, Brest, Cambrai, Castres, Châlon-sur-Saône, Cherbourg, Dieppe, Douai, Dunkerque, Le Hâvre, Lorient, Lunéville, Reims, Rochefort, Saint-Denis, Saint-Étienne, Saint-Omer, Saint-Quentin, Seaux, Toulon, Valenciennes, Verdun, Vienne. — 2me classe. — Autun, Bastia, Beaune, Bergerac, Carpentras, Chatellerault, Dôle, Fontainebleau, Grasse, Issoudun, Libourne, Lisieux, Lodève, Louviers, Meaux, Moissac, Morlais, Narbonne, Riom, Roanne, Saint-Flour, Saint-Malo, Saintes, Saumur, Sedan, Sens, Soissons, Thiers, Villeneuve-d'Agen. — 3me classe. Toutes celles qui ne figurent pas dans ce tableau.

Tableau C annexé au décret du 27 mars, sur les traitements des Préfets, Sous-Préfets et Conseillers de préfecture.

Conseillers de préfecture dans les départements suivants. — 1re classe. — Bouches-du-Rhône, Garonne (Haute), Gironde, Loire-Inférieure, Nord, Rhin (Bas), Rhône, Seine-Inférieure. — 2me classe. — Calvados, Côte-d'Or, Doubs, Gard, Hérault, Ille et Vilaine, Indre-et-Loire, Isère, Loiret, Maine-et-Loire, Meurthe, Moselle, Pas-de-Calais, Puy-de-Dôme, Seine-et-Oise, Somme, Vaucluse, Vienne (Haute). — 3me classe tous les départements qui ne figurent pas dans ce tableau.

3° *Décret sur la Décentralisation administrative.*

Du 25 mars 1852.

Louis-Napoléon, président de la République française,

Considérant que, depuis la chute de l'Empire, des abus et des exagérations de tout genre ont dénaturé le principe de notre centralisation administrative, en substituant à l'action prompte des autorités locales les lentes formalités de l'administration centrale ;

Considérant qu'on peut gouverner de loin, mais qu'on n'administre bien que de près; qu'en conséquence, autant il importe de centraliser l'action gouvernementale de l'État, autant il est nécessaire de décentraliser l'action purement administrative;

Sur le rapport du ministre de l'intérieur;

Le conseil des ministres entendu,

Décrète :

Art. 1er. Les préfets continueront de soumettre à la décision du ministre de l'intérieur les affaires départementales et communales qui affectent directement l'intérêt général de l'État, telles que l'approbation des budgets départementaux, les impositions extraordinaires et les délimitations territoriales; mais ils statueront désormais sur toutes les autres affaires départementales et communales qui, jusqu'à ce jour, exigeaient la décision du chef de l'État ou du ministre de l'intérieur, et dont la nomenclature est fixée par le tableau A ci-annexé.

Art. 2. Ils statueront également, sans l'autorisation du ministre de l'intérieur, sur les divers objets concernant les subsistances, les encouragements à l'agriculture, l'enseignement agricole et vétérinaire, les affaires commerciales et la police sanitaire et industrielle dont la nomenclature est fixée par le tableau B ci-annexé.

Art. 3. Les préfets statueront en conseil de préfecture, sans l'autorisation du ministre des finances, mais sur l'avis ou la proposition des chefs de service, en matière de contributions indirectes, en matières domaniales et forestières, sur les objets déterminés par le tableau C ci-annexé.

Art. 4. Les préfets statueront également, sans l'autorisation du ministre des travaux publics, mais sur l'avis ou la proposition des ingénieurs en chef, et conformément aux règlements ou instructions ministérielles, sur tous les objets mentionnés dans le tableau D ci-annexé.

Art. 5. Ils nommeront directement, sans l'intervention du gouvernement et sur la présentation des divers chefs de service, aux fonctions et emplois suivants :

1º Les directeurs des maisons d'arrêt et des prisons départementales;

2º Les gardiens desdites maisons et prisons;

3º Les membres des commissions de surveillance de ces établissements;

4º Les médecins et comptables des asiles publics d'aliénés;

5º Les médecins des eaux thermales dans les établissements privés ou communaux;

6º Les directeurs et agents des dépôts de mendicité;

7º Les architectes départementaux;

8º Les archivistes départementaux;

9º Les administrateurs, directeurs et receveurs des établissements de bienfaisance;

10º Les vérificateurs des poids et mesures;

11º Les directeurs et professeurs des écoles de dessin et les conservateurs des musées des villes;

12º Les percepteurs surnuméraires;

13º Les receveurs municipaux des villes dont le revenu ne dépasse pas trois cent mille francs;

14º Les débitants de poudres à feu;

15º Les titulaires des débits de tabac simples dont le produit ne dépasse pas mille francs;

16º Les préposés en chef des octrois des villes;

17º Les lieutenants de louveterie;

18º Les directeurs des bureaux de poste aux lettres dont le produit n'excède pas mille francs;

19º Les distributeurs et facteurs des postes;

20º Les gardes forestiers des départements, des communes et des établissements publics;

21° Les gardes champêtres;

22° Les commissaires de police des villes de six mille âmes et au-dessous;

23° Les membres des jurys médicaux;

24° Les piqueurs des ponts et chaussées et cantonniers du service des routes;

25° Les gardes de navigation, cantonniers, éclusiers barragistes et pontonniers;

26° Les gardiens de phares, les canotiers du service des ports maritimes de commerce, baliseurs et surveillants de quais;

Art. 6. Les préfets rendront compte de leurs actes aux ministres compétents dans les formes et pour les objets déterminés par les instructions que ces ministres leurs adresseront.

Ceux des actes qui seraient contraires aux lois et règlements, ou qui donneraient lieu aux réclamations des parties intéressées, pourront être annulés ou réformés par les ministres compétents.

Art. 7. Les dispositions des articles 1, 2, 3, 4 et 5 ne sont pas applicables au département de la Seine.

Art. 8. Les ministres de l'intérieur, des finances, des travaux publics de l'instruction publique et de la police générale, sont chargés, chacun en ce qui le concerne, de l'exécution du présent décret.

Fait au palais des Tuileries, le 25 mars 1852.   Signé LOUIS-NAPOLÉON.

Le ministre de l'intérieur, Signé F. DE PERSIGNY.

TABLEAU A.

1° Acquisitions, aliénations et échanges de propriétés départementales non affectées à un service public;

2° Affectation d'une propriété départementale à un service d'utilité départementale, lorsque cette propriété n'est déjà affectée à aucun service;

3° Mode de gestion des propriétés départementales;

4° Baux de biens donnés ou pris à ferme et à loyer par le département;

5° Autorisation d'ester en justice;

6° Transactions qui concernent les droits des départements;

7° Acceptation ou refus des dons au département, sans charge ni affectation immobilière, et des legs qui présentent le même caractère ou qui ne donnent pas lieu à réclamation;

8° Contrats à passer pour l'assurance des bâtiments départementaux;

9° Projets, plans et devis de travaux exécutés sur les fonds du département, et qui n'engageraient pas la question de système ou de régime intérieur, en ce qui concerne les prisons départementales ou les asiles d'aliénés;

10° Adjudication de travaux dans les mêmes limites;

11° Adjudication des emprunts départementaux dans les limites fixées par les lois d'autorisation;

12° Acceptation des offres faites par des communes, des associations ou des particuliers pour concourir à la dépense des travaux à la charge des départements;

13° Concession à des associations, à des compagnies ou à des particuliers des travaux d'intérêt départemental;

14° Acquisitions de meubles pour la préfecture, réparations à faire au mobilier;

15° Achat, sur les fonds départementaux, d'ouvrages administratifs destinés aux bibliothèques des préfectures et des sous-préfectures;

16° Distribution d'indemnités ordinaires et extraordinaires allouées sur le budget départemental aux ingénieurs des ponts et chaussées;

17° Emploi du fonds de réserve inscrit à la deuxième section des budgets départementaux pour dépenses imprévues;

18° Règlement de la part des dépenses des aliénés, enfants trouvés et abandonnés et orphelins pauvres, à mettre à la charge des communes, et bases de la répartition à faire entre elles ;

19° traités entre les départements et les établissements publics ou privés d'aliénés ;

20° Règlement des budgets des asiles publics ;

21° Règlement des frais de transport, de séjour provisoire et du prix de pension des aliénés ;

22° Dispenses de concours à l'entretien des aliénés réclamés par les familles ;

23° Mode et condition d'admission des enfants trouvés dans les hospices ; tarifs des mois de nourrice et de pension ; indemnités aux nourriciers et gardiens ; prix des layettes et vêtures ;

24° Marchés de fourniture pour les prisons départementales, les asiles d'aliénés et tous les établissements départementaux.

25° Transfèrement des détenus d'une prison départementale dans une autre prison du même département ;

26° Création d'asiles départementaux pour l'indigence, la vieillesse, et règlements intérieurs de ces établissements ;

27° Règlement intérieurs des dépôts de mendicité ;

28° Règlements, budgets et comptes des sociétés de charité maternelle ;

29° Acceptation ou refus des dons et legs faits à ces sociétés quand ils ne donnent point lieu à réclamation ;

30° Rapatriement des aliénés étrangers soignés en France, et *vice versâ* ;

31° Dépenses faites pour les militaires et les marins aliénés, et provisoirement pour les forçats libérés ;

32° Autorisation d'établir des asiles privés d'aliénés ;

33° Rapatriement d'enfants abandonnés à l'étranger ou d'enfants d'origine étrangère abandonnés en France ;

34° Tarifs des droits de location de place dans les halles et marchés, et des droits de pesage, jaugeage et mesurage ;

35° Budgets et comptes des communes, lorsque ces budgets ne donnent pas lieu à des impositions extraordinaires ;

36°, 37°, 38° Pensions de retraite aux employés et agents des communes et établissements charitables ;

39° Répartition du fonds commun des amendes de police correctionnelle ;

40° Mode de jouissance en nature des biens communaux, quelle que soit la nature de l'acte primitif qui ait approuvé le mode actuel ;

41° Aliénations, acquisitions, échanges, partages de biens de toute nature, quelle qu'en soit la valeur ;

42° Dons et legs de toute sorte de biens, lorsqu'il n'y a pas réclamation des familles ;

43° Transactions sur toutes sortes de biens, quelle qu'en soit la valeur ;

44° Baux à donner ou à prendre, quelle qu'en soit la durée ;

45° Distraction de parties superflues de presbytères communaux, lorsqu'il n'y a pas opposition de l'autorité diocésaine ;

46° Tarifs des pompes funèbres ;

47° Tarifs des concessions dans les cimetières ;

48° Approbation des marchés passés de gré à gré ;

49° Approbation des plans et devis de travaux, quel qu'en soit le montant ;

50° Plans d'alignement des villes ;

51° Cours d'eau non navigables ni flottables, en tout ce qui concerne leur élargissement et leur curage ;

52° Assurance contre l'incendie ;

53° Tarifs des droits de voirie dans les villes ;

54° Établissements de trottoirs dans les villes ;

55° Enfin, tous les autres objets d'administration départementale, communale et d'assistance publique, sauf les exceptions ci-après :

a. Changements proposés à la circonscription du territoire du département, des arrondissements, des cantons et des communes, et à la désignation des chefs-lieux ;

b. Contributions extraordinaires à établir et emprunts à contracter dans l'intérêt du département ;

c. Répartition du fonds commun affecté aux dépenses ordinaires des départements ;

d. Règlement des budgets départementaux ; approbation des virements de crédits d'un sous-chapitre à un autre sous-chapitre de la première section du budget, quand il s'agit d'une dépense nouvelle à introduire, et des virements de la seconde et de la troisième section ;

e. Règlement du report des fonds libres départementaux d'un exercice sur un exercice ultérieur, et règlement des comptes départementaux ;

f. Changement de destination des édifices départementaux affectés à un service public ;

g. Fixation du taux maximum du mobilier des hôtels de préfecture ;

h. Acceptation ou refus des dons et legs faits au département, qui donnent lieu à réclamation ;

i. Classement, direction et déclassement des routes départementales ;

j. Approbation des règlements d'administration et de discipline des prisons départementales ;

k. Approbation des projets, plans et devis des travaux à exécuter aux prisons départementales ou aux asiles publics d'aliénés, quand ces travaux engagent la question de régime intérieur, quelle que soit d'ailleurs la quotité de la dépense ;

l. Fixation de la part contributive du département aux travaux exécutés par l'État et qui intéressent le département ;

m. Fixation de la part contributive du département aux dépenses et aux travaux qui intéressent à la fois le département et les communes ;

n. Organisation des caisses de retraites ou de tout autre mode de rémunération ou de secours en faveur des employés des préfectures ou sous-préfectures et des autres services départementaux ;

o. Règlement du domicile de secours pour les aliénés et les enfants trouvés, lorsque la question s'élève entre deux ou plusieurs départements ;

p. Suppression des tours actuellement existants ; ouverture de tours nouveaux ;

q. Approbation des taxes d'octroi ;

r. Frais de casernement à la charge des villes, leur abonnement ;

s. Impositions extraordinaires pour dépenses facultatives, lorsque les centimes additionnels excèdent le nombre de vingt, et que la durée de l'imposition dépasse cinq ans ;

t. Emprunts, lorsque le terme du remboursement excédera dix années, ou que ce remboursement devra s'opérer au moyen d'une imposition extraordinaire soumise à l'approbation de l'autorité centrale ;

u. Expropriation pour cause d'utilité publique, sans préjudice des concessions déjà faites en faveur de l'autorité préfectorale par la loi du 21 mai 1836, relative aux chemins vicinaux ;

v. Legs, lorsqu'il y a réclamation de la famille ;

x. Ponts communaux à péage ;

y. Création d'établissements de bienfaisance (hôpitaux, hospices, bureaux de bienfaisance, monts-de-piété).

Certifié conforme :

Le ministre de l'intérieur,

Signé F. DE PERSIGNY.

TABLEAU B.

1° Autorisation d'ouvrir des marchés, sauf pour les bestiaux;

2° Règlementation complète de la boucherie, boulangerie et vente de comestibles sur les foires et marchés;

3° Primes pour la destruction des animaux nuisibles;

4° Règlement des frais de traitement des épizooties;

5° Approbation des tableaux de marchandises à vendre aux enchères par le ministère des courtiers;

6° Formation et autorisation des sociétés de secours mutuels qui ne rempliraient pas les formalités voulues pour être déclarées d'utilité publique;

7° Examen et approbation des règlements de police commerciale pour les foires, marchés, ports et autres lieux publics;

8° Autorisation des établissements insalubres de première classe, dans les formes déterminées pour cette nature d'établissements, et avec les recours existant aujourd'hui pour les établissements de deuxième classe;

9° Autorisation de fabriques et ateliers dans le rayon des douanes, sur l'avis conforme du directeur des douanes.

Certifié conforme :
Le ministre de l'intérieur,
Signé F. DE PERSIGNY.

TABLEAU C.

1° Transactions ayant pour objet les contraventions en matière de poudre à feu, lorsque la valeur des amendes et confiscations ne s'élève pas au-delà de mille francs;

2° Location amiable, après estimation contradictoire, de la valeur locative des biens de l'État, lorsque le prix annuel n'excède pas cinq cents francs;

3° Concessions de servitudes à titre de tolérance temporaire et révocables à volonté;

4° Concessions autorisées par les lois des 20 mai 1836 et 10 juin 1847 des biens usurpés, lorsque le prix n'excède pas deux mille francs;

5° Cessions de terrains domaniaux compris dans le tracé des routes nationales, départementales, et des chemins vicinaux;

6° Échanges de terrains provenant de déclassement de routes, dans le cas prévu par l'article 4 de la loi du 20 mai 1836;

7° Liquidation de dépenses, lorsque les sommes liquidées ne dépassent pas deux mille francs;

8° Demandes en autorisation concernant les établissements et constructions mentionnés dans les articles 151, 152, 153, 154 et 155 du Code forestier;

9° Vente sur les lieux des produits façonnés provenant des bois des communes et des établissements publics, quelle que soit la valeur de ces produits;

10° Travaux à exécuter dans les forêts communales ou d'établissements publics, pour la recherche ou la conduite des eaux, la construction des récipients et autres ouvrages analogues, lorsque ces travaux auront un but d'utilité communale.

Certifié conforme :
Le ministre de l'intérieur,
Signé F. DE PERSIGNY.

TABLEAU D.

1° Autorisation, sur les cours d'eau navigables ou flottables, des prises d'eau faites au moyen des machines, et qui, eu égard au volume du cours d'eau, n'auraient pas pour effet d'en altérer sensiblement le régime;

2° Autorisation des établissements temporaires sur lesdits cours d'eau, alors même qu'ils auraient pour effet de modifier le régime ou le niveau des eaux; fixation de la durée de la permission;

3° Autorisation sur les cours d'eau non navigables ni flottables de tout établissement nouveau, tel que moulin, usine, barrage, prise d'eau d'irrigation, patouillet, bocard, lavoir·à mines;

4° Régularisation de l'existence desdits établissements lorsqu'il ne sont pas encore pourvus d'autorisation régulière, ou modifications des règlcments déjà existants;

5° Dispositions pour assurer le curage et le bon entretien des cours d'eau non navigables ni flottables de la manière prescrite par les anciens règlements ou d'après les usages locaux. Réunion, s'il y a lieu, des propriétaires intéressés en associations syndicales;

6° Constitution en associations syndicales des propriétaires intéressés à l'exécution et à l'entretien des travaux d'endiguement contre la mer, les fleuves, rivières et torrents navigables ou non navigables, de canaux d'arrosage ou de canaux de desséchement, lorsque ces propriétaires sont d'accord pour l'exécution desdits travaux et la répartition des dépenses;

7° Autorisation et établissement des débarcadéres sur les bords des fleuves et rivières pour le service de la navigation; fixation des tarifs et des conditions d'exploitation de ces débarcadères;

8° Approbation de la liquidation des plus-values ou des moins-values en fin de bail du matériel des bacs affermés au profit de l'État;

9° Autorisation et établissement des bateaux particuliers;

10° Approbation, dans la limite des crédits ouverts, des dépenses dont la nomenclature suit :

a. Acquisition de terrains, d'immeubles, etc. dont le prix ne dépasse pas vingt cinq mille francs;

b. Indemnités mobilières;

c. Indemnités pour dommages;

d. Frais accessoires aux acquisitions d'immeubles, aux indemnités mobilières et aux dommages ci-dessus désignés;

e. Loyers de magasins, terrains, etc.

f. Secours aux ouvriers réformés, blessés, etc. dans les limites déterminées par les instructions;

11° Approbation de la répartition rectifiée des fonds d'entretien et des décomptes définitifs des entreprises, quand il n'y a pas d'augmentation sur les dépenses autorisées;

12° Autorisation de la main-levée des hypothèques prises sur les biens des adjudicataires ou de leurs cautions, et du remboursement des cautionnements après la réception définitive des travaux; autorisation de la remise à l'administration des domaines des terrains devenus inutiles au service.   Certifié conforme :

Le ministre de l'intérieur,
Signé F. DE PERSIGNY.

4° *Décret du 11 janvier 1852 sur la garde Nationale.*

Au nom du Peuple Français.

Louis-Napoléon, président de la République,

Considérant que l'ordre est l'unique source du travail et qu'il ne s'établit qu'en raison directe de la force et de l'autorité du gouvernement;

Considérant que la garde nationale doit être non une garantie contre le pouvoir, mais une garantie contre le désordre et l'insurrection;

Considérant que les principes appliqués à l'organisation de la garde nationale, à la suite de nos différentes révolutions, en armant indistinctement tout le monde, n'ont été qu'une préparation à la guerre civile;

Qu'une composition de la garde nationale, faite avec discernement, assure l'ordre public et le salut du pays ;

Considérant que dans les campagnes surtout, où la force publique est peu nombreuse, il importe de prévoir toute nouvelle tentative de désordre et de pillage ; qu'une récente expérience a prouvé qu'une seule compagnie de bons citoyens armés pour la défense de leurs foyers, suffit pour contenir ou mettre en fuite des bandes de malfaiteurs;

Sur le rapport du ministre de l'intérieur ;

Décrète :

Les gardes nationales sont dissoutes dans toute l'étendue du territoire de la République.

Elles sont réorganisées sur les bases suivantes, dans les localités où leur concours sera jugé nécessaire pour la défense de l'ordre public.

Dans le département de la Seine, le général, commandant supérieur est chargé de cette réorganisation, qui aura lieu par bataillons.

Art. 1er. Le service de la garde nationale consiste : 1o en service ordinaire dans l'intérieur de la commune ;

2o En service de détachement hors du territoire de la commune.

Art. 2. Le service de la garde nationale est obligatoire pour tous les français âgés de 25 à 50 ans, qui seront jugés aptes à ce service par le conseil de recensement.

Néanmoins, le gouvernement fixera pour chaque localité, le nombre de gardes nationaux.

Art. 3. La garde nationale est organisée dans toutes les communes où le gouvernement le juge nécessaire; elle est dissoute et réorganisée suivant que les circonstances l'exigent. Elle est formée en compagnie, bataillon ou légion, selon les besoins du service déterminés par l'autorité administrative, qui pourra créer des corps de sapeurs-pompiers.

La création de corps spéciaux de cavalerie, artillerie ou génie ne pourra avoir lieu que sur l'autorisation du ministre de l'intérieur.

Art. 4. Le président de la République nommera un commandant supérieur, des colonels ou lieutenant-colonels dans les localités où il le jugera convenable.

Art. 5. La garde nationale est placée sous l'autorité des maires, des sous-préfets, des préfets et du ministre de l'intérieur.

Lorsque, d'après les ordres du préfet ou du sous-préfet, la garde nationale de plusieurs communes est réunie, soit au chef-lieu du canton, soit dans toute autre commune, elle est sous l'autorité du maire de la commune où a lieu la réunion.

Sont exceptés les cas déterminés par les lois où la garde nationale est appelée à faire un service militaire et qu'elle est mise sous les ordres de l'autorité militaire.

Art. 6. Les citoyens ne peuvent ni prendre les armes, ni se rassembler, comme gardes nationaux, avec ou sans uniforme, sans l'ordre des chefs immédiats, et ceux-ci ne peuvent donner cet ordre sans une réquisition de l'autorité civile.

Art. 7. Aucun chef de poste ne peut faire distribuer de cartouches aux gardes nationaux placés sous son commandement, si ce n'est en vertu d'ordres précis, ou en cas d'attaque de vive force.

Art. 8. La garde nationale se compose de tous les français et des étrangers jouissant des droits civils, qui sont admis par le conseil de recensement, à la condition d'être habillés suivant l'uniforme qui est obligatoire.

Art. 11. Le président de la République nomme les officiers de tous grades, sur la présentation du ministre de l'intérieur, d'après les propositions du commandant supérieur, dans le département de la Seine, et d'après celles des préfets, dans les autres départements.

Les adjudants sous-officiers sont nommés par le chef de bataillon qui nomme également à tous les emplois de sous-officiers et de caporaux, sur la présentation des commandants de compagnies.

Art. 13. Dans tous les cas où les gardes nationales sont de service avec les corps soldés, elles prennent le rang sur eux.

Art. 19. Le règlement relatif au service ordinaire, aux revues, exercices et prises d'armes est arrêté : pour le département de la Seine, par le ministre de l'intérieur, sur la proposition du commandant supérieur;

Pour les villes et communes des autres départements, par le maire, sur la proposition du commandant de la garde nationale et sous l'approbation du sous-préfet.

Les chefs pourront, en se conformant à ce règlement, et sans réquisition particulière, mais après en avoir prévenu l'autorité municipale, faire toutes les dispositions et donner tous les ordres relatifs au service ordinaire, aux revues et aux exercices.

Dans les villes de guerre, la garde nationale ne peut prendre les armes, ni sortir des barrières qu'après que le maire en a informé par écrit le commandant de la place.

Le tout sans préjudice de ce qui est réglé par les lois spéciales à l'état de guerre et à l'état de siége dans les places.

Art. 20. Lorsque la garde nationale est organisée en bataillons cantonnaux et en légions, le règlement sur les exercices est arrêté par le sous-préfet, de l'avis des maires des communes et sur la proposition du commandant, pour chaque bataillon isolé, et du chef de légion pour les bataillons réunis en légions.

Art. 21. Le préfet peut suspendre les revues et exercices dans les communes et dans les cantons, à la charge d'en rendre compte au ministre de l'intérieur.

Art. 22. Tout garde national commandé pour le service doit obéir, sauf à réclamer ensuite, s'il s'y croit fondé, devant le chef de corps.

Art. 23. Le titre IV de la loi du 13 juin 1851, intitulé *Discipline*, est maintenu jusques et y compris l'art. 118 de la même loi.

5° *Décret concernant les individus placés sous la surveillance de la haute police et les individus reconnus coupables d'avoir fait partie d'une société secrète.*

Du 8 Décembre 1851.

Le président de la République,

Sur la proposition du ministre de l'intérieur;

Considérant que la France a besoin d'ordre, de travail et de sécurité ; que, depuis un trop grand nombre d'années, la société est profondément inquiétée et troublée par les machinations de l'anarchie, ainsi que par les tentatives insurrectionnelles des affiliés aux sociétés secrètes et repris de justice toujours prêts à devenir des instruments de désordre;

Considérant que, par ses constantes habitudes de révolte contre toutes les lois, cette classe d'hommes, non-seulement compromet la tranquillité, le travail et l'ordre public, mais encore autorise d'injustes attaques et de déplorables calomnies contre la saine population ouvrière de Paris et de Lyon;

Considérant que la législation actuelle est insuffisante, et qu'il est nécessaire d'y apporter des modifications, tout en conciliant les devoirs de l'humanité avec les intérêts de la sécurité générale,

Décrète :

Art. 1er. Tout individu placé sous la surveillance de la haute police, qui sera reconnu coupable de rupture de ban, pourra être transporté, par mesure de sûreté générale, dans une colonie pénitentiaire, à Cayenne ou en Algérie. La durée de la transportation sera de cinq années au moins et de dix ans au plus.

Art. 2. La même mesure sera applicable aux individus reconnus coupables d'avoir fait partie d'une société secrète.

Art. 3. L'effet du renvoi sous la surveillance de la haute police sera, à l'avenir, de donner au Gouvernement, le droit de déterminer le lieu dans lequel le condamné devra résider après qu'il aura subi sa peine.

L'administration déterminera les formalités propres à constater la présence continue du condamné dans le lieu de sa résidence.

Art. 4. Le séjour de Paris et celui de la banlieue de cette ville sont interdits à tous les individus placés sous la surveillance de la haute police.

Art. 5. Les individus désignés par l'article précédent seront tenus de quitter Paris et la banlieue dans le délai de dix jours, à partir de la promulgation du présent décret, à moins qu'ils n'aient obtenu un permis de séjour de l'administration. Il sera délivré à ceux qui la demanderont une feuille de route et de secours qui réglera leur itinéraire jusqu'à leur domicile d'origine ou jusqu'au lieu qu'ils auront désigné.

Art. 6. En cas de contravention aux dispositions prescrites par les articles 4 et 5 du présent décret, les contrevenants pourront être transportés, par mesure de sûreté générale, dans une colonie pénitentiaire, à Cayenne ou en Algérie.

Art. 7. Les individus transportés en vertu du présent décret seront assujétis au travail dans l'établissement pénitentiaire. Ils seront privés de leurs droits civils et politiques. Ils seront soumis à la juridiction militaire; les lois militaires leur seront applicables. Toutefois, en cas d'évasion de l'établissement, les transportés seront condamnés à un emprisonnement qui ne pourra excéder le temps pendant lequel ils auront à subir la transportation. Ils seront soumis à la discipline et à la subordination militaires envers leurs chefs et surveillants civils ou militaires, pendant la durée de l'emprisonnement.

Art. 8. Des règlements du pouvoir exécutif détermineront l'organisation de ces colonies pénitentiaires.

Art 9. Les ministres de l'intérieur et de la guerre sont chargés, chacun en ce qui le concerne, de l'exécution du présent décret.

Fait à Paris, à l'Élysée-National, le conseil des ministres entendu, le 8 décembre 1851.

Signé Louis-Napoléon Bonaparte.

Le ministre de l'intérieur, Signé A. de Morny.

6° *Décret sur les Cafés, Cabarets et Débits de boissons.*

Du 29 Décembre 1851.

Le président de la République,

Sur le rapport du ministre de l'intérieur;

Considérant que la multiplicité toujours croissante des cafés, cabarets et débits de boissons est une cause de désordres et de démoralisation;

Considérant que, dans les campagnes surtout, ces établissements sont devenus, en grand nombre, des lieux de réunion et d'affiliation pour les sociétés secrètes, et ont favorisé, d'une manière déplorable, les progrès des mauvaises passions;

Considérant qu'il est du devoir du Gouvernement de protéger, par des mesures efficaces, les mœurs publiques et la sûreté générale,

Décrète :

Art. 1er. Aucun café, cabaret ou autre débit de boissons à consommer sur place, ne pourra être ouvert, à l'avenir, sans la permission préalable de l'autorité administrative.

Art. 2. La fermeture des établissements désignés en l'article 1er, qui existent actuellement, ou qui seront autorisés à l'avenir, pourra être ordonnée, par arrêté du préfet, soit après une condamnation pour contravention aux lois et règlements qui concernent ces professions, soit par mesure de sûreté publique.

Art. 3. Tout individu qui ouvrira un café, cabaret ou débit de boissons à consommer sur place, sans autorisation préalable ou contrairement à un arrêté de fermeture pris en vertu de l'article précédent, sera poursuivi devant les tribunaux correctionnels et puni d'une amende de vingt-cinq à cinq cents francs et d'un emprisonnement de six jours à six mois.

L'établissement sera fermé immédiatement.

Art. 4. Le ministre de l'intérieur est chargé de l'exécution du présent décret.

Fait au palais de l'Élysée, le 29 décembre 1851.

Signé LOUIS-NAPOLÉON BONAPARTE.

Le ministre de l'intérieur,

Signé DE MORNY.